核心素养下的高中生物深度学习

蓝玉凤　付海英　田　原◎著

山西出版传媒集团  山西人民出版社

图书在版编目（ＣＩＰ）数据

核心素养下的高中生物深度学习 / 蓝玉凤，付海英，
田原著. -- 太原 ：山西人民出版社，2023.8
ISBN 978-7-203-12905-9

Ⅰ．①核… Ⅱ．①蓝… ②付… ③田… Ⅲ．①生物课
—教学研究—高中 Ⅳ．①G633.912

中国国家版本馆 CIP 数据核字（2023）第 163934 号

核心素养下的高中生物深度学习

著　　者：蓝玉凤　付海英　田　原
责任编辑：魏美荣
复　　审：李　鑫
终　　审：梁晋华
装帧设计：博健文化

出 版 者：山西出版传媒集团·山西人民出版社
地　　址：太原市建设南路 21 号
邮　　编：030012
发行营销：0351 - 4922220　4955996　4956039　4922127（传真）
天猫官网：https://sxrmcbs.tmall.com　电话：0351 - 4922159
E - mail ：sxskcb@163.com　发行部
　　　　　sxskcb@126.com　总编室
网　　址：www.sxskcb.com

经 销 者：山西出版传媒集团·山西人民出版社
承 印 厂：廊坊市源鹏印务有限公司

开　　本：787mm×1092mm　　　1/16
印　　张：11
字　　数：246 千字
版　　次：2024 年 6 月　第 1 版
印　　次：2024 年 6 月　第 1 次印刷
书　　号：ISBN 978-7-203-12905-9
定　　价：88.00 元

如有印装质量问题请与本社联系调换

前　言

　　"人类是如何学习的"是全球关注的话题，评价"如何学习"的标准并不是知识的数量或广度，而是拥有整合信息并建构知识体系的能力、灵活运用所学知识解决现实问题的能力，即深度学习的能力。当下，伴随着大数据与人工智能时代的到来，深度学习与碎片化学习、生物脑深度学习与类脑深度学习等话题备受关注，一时间"深度学习"成为焦点热词，明确人类深度学习的内涵变得更加重要。另外，教育的发展推动了教师教学理念的发展，教学理念的发展给教师的教学注入了新鲜血液，促使教师在教学中不断尝试新的教学方法，为学生的全面发展铺砖引路。核心素养有助于学生整体进步，是教师教学探索的重点方向。在此背景下，高中生物教师在教学中思考学生核心素养的培养与深度学习的实施，是十分必要的。

　　基于此，笔者撰写了《核心素养下的高中生物深度学习》一书，在内容编排上共设置六章，第一章作为本书论述的基础与前提，分析生物学学科核心素养与高中生物教学、深度学习与高中生物深度学习的现状、基于信息化发展学生生物学学科核心素养、核心素养理念与高中生物深度学习的关系；第二章探讨核心素养下的高中生物课堂深度学习；第三章从学历案、概念图、微专题、自然分材教学四个方面探讨核心素养下的高中生物深度学习模式；第四、第五章是核心素养下的高中生物深度学习设计与策略；第六章研究核心素养下的高中生物深度学习评价，内容涵盖高中生物教学的终结性与过程性学习评价、高中生物的课堂教学与课外指导评价体系、基于网络环境的高中生物教学与学习评价、高中生物教学深度学习中的智能化评价。

　　本书从高中生物课程入手，阐述深度学习下生物教学的理论依据及具体的设计和实施方法。全书在内容上有理论、有策略、有方法、有实例，以学生核心素养的养成为核心，从学校课程体系和形式的变化、教学模式和策略的革新等不同角度，全方位阐述核心素养下高中生物深度学习的实施路径。

　　本书内容乃一孔之见，错误与不足之处在所难免，企盼读者批评指正。但是，我们编著该书的初衷是希望能为广大高中阶段教育者尤其是高中生物学科教育者提供有益参考，为中国学生发展核心素养贡献自己的一份力量。

目　录

第一章　核心素养下的高中生物深度学习理论 ·· 1

第一节　生物学学科核心素养与高中生物教学 ·· 1

第二节　深度学习与高中生物深度学习的现状 ·· 15

第三节　基于信息化发展学生生物学学科核心素养 ································· 29

第四节　核心素养理念与高中生物深度学习的关系 ································· 42

第二章　核心素养下的高中生物课堂深度学习 ·································· 44

第一节　核心素养下高中生物高效课堂的教学设计 ································· 44

第二节　核心素养下高中生物高效课堂的模式构建 ································· 50

第三节　核心素养下高中生物高效课堂的评价标准 ································· 53

第四节　生物高效课堂深度学习中的交互式电子白板 ··························· 54

第三章　核心素养下的高中生物深度学习模式 ·································· 63

第一节　基于学历案的高中生物深度学习模式构建 ································· 63

第二节　基于概念图的高中生物深度学习模式构建 ································· 67

第三节　基于微专题的高中生物深度学习模式构建 ································· 74

第四节　自然分材教学下的生物深度学习模式构建 ································· 75

第四章　核心素养下的高中生物深度学习设计 ································ 84

    第一节　核心素养下高中生物教学中的学习者分析 ············ 84

    第二节　核心素养下高中生物教学内容的具体设计 ············ 86

    第三节　核心素养下高中生物教学活动与过程设计 ············ 87

    第四节　深度学习视域下的高中生物学实验教学设计 ········ 94

第五章　核心素养下的高中生物深度学习策略 ································ 97

    第一节　核心素养下高中生物教学的情境创设策略 ············ 97

    第二节　核心素养下高中生物教学的合作学习策略 ·········· 102

    第三节　核心素养下高中生物教学中的 PBL 策略 ············ 107

    第四节　核心素养下高中生物深度学习教学策略 ·············· 110

第六章　核心素养下的高中生物深度学习评价 ······························ 112

    第一节　高中生物教学的终结性与过程性学习评价 ·········· 112

    第二节　高中生物课堂教学与课外指导评价体系 ·············· 132

    第三节　基于网络环境的高中生物教学与学习评价 ·········· 147

    第四节　高中生物教学深度学习中的智能化评价研究 ········ 163

参考文献 ·· 166

第一章

核心素养下的高中生物深度学习理论

第一节　生物学学科核心素养与高中生物教学

一、生物学学科核心素养

核心素养具有跨学科的整体性，学生核心素养的形成不可能只通过某一个学科或者学科领域来实现。学科核心素养是学生通过学科学习而逐步形成的正确价值观念、必备品格和关键能力，是学科育人价值的集中体现。核心素养与学科核心素养的关系是全局与局部、共性与特性、抽象与具象的关系。各学科既要从学科本质出发，明晰本学科在发展学生核心素养中的独特价值，也要超越学科的范畴明确本学科在诸如问题解决、批判性思维等素养培育中的贡献，从而将学科对核心素养的共性贡献和个性贡献有机结合起来，发挥学科的育人价值。

（一）生物学学科核心素养的内容

生物学学科核心素养包括生命观念、科学思维、科学探究和社会责任等方面。

1. 生命观念

"在日常生活中，观念往往被广义地用作表示一切思想、意识，一般将其理解为客观事物在人脑中的一种能动的反映形式"。① 从字义上讲，"观"指的是对事物广泛的、概括的认识，"念"表示想法，是"观"的结果。

观念与概念也有很大的关系，首先，观念和概念都是人类通过抽象、概括等思维形式形成的对客观事物的认识。观念又不同于概念，概念作为思维抽象的产物，往往反映一类

---

① 崔鸿，解凯彬：《发展生物学学科核心素养的教学设计：从理论到实践》[M]，北京：人民教育出版社，2019年版，第27页。

事物的本质属性，观念是在众多概念的基础上，通过抽象、推理等思维过程，升华为对事物更全面、更本质、更深刻的认识。观念是概念充分发展的形式。从这一点来看，观念与国外教育研究中提到的"大概念"具有很大的一致性，都体现了对学科知识、方法等的概括性认识。其次，概念一般回答客观世界"是什么"和"为什么"的问题，是关于客观世界的知识。观念还可以回答人对客观世界"怎么做"的问题，它和人的社会行动直接联系，具有明确的价值方向。在观念中，客观的东西上升到主体的目的和愿望的层面。观念和概念密切联系、相互依存，观念中包含了概念的成分，概念需要通过观念来实现广泛应用。

生命观念是在理解了生物学概念的基础上，进一步抽象形成的，指向对生命本质的理解。我们在理解生命观念时，可以在结构与功能观、物质与能量观、进化与适应观、稳态与平衡观四个方面的基础上进行拓展与补充，不局限于课程标准的具体表述。依据中学生物学课程的价值和根本任务，结合对生命科学哲学和生物科学核心概念的研究可以看出，生命观念应该包括生命的物质观、能量观、信息观、进化观、生态观、系统观。也可以将生命观念概括为系统观、进化观、生态观三大观念群。系统观——生命是系统，是"活"系统，统领结构、功能等概念；进化观——在时间维度上看生命，追溯生命的源头与历史，解答"生命为什么是这样"的问题；生态观——在空间维度上看生命，研究生命在哪里，它与环境的相互关系。结构与功能、物质与能量观念，可以看作系统观的一部分。以上对生命观念的理解与课程标准并不矛盾，而是从不同的角度理解生命的本质，我们在落实生命观念的过程中不必拘泥于观念具体的名称，最重要的是理解不同表述的内涵和外延是否真正体现了对生命本质的理解。同时，还应注意生命观念的各组成部分不是孤立的，它们相互交叉、相互渗透，共同构成了对生命本质理解的全貌。生命观念的形成有利于学生从系统、历史等多个视角看待生命世界，提升他们的生物学理解力。更为重要的是，可以将生命观念迁移到他们对社会和人生的认识上来，这对个人终身发展和适应社会需要意义重大。

2. 科学思维

思维一直是多个学科关注的焦点，哲学、心理学、教育学、脑科学等学科都从不同的角度对思维的过程、特性、结构、价值等展开研究。《现代汉语词典》（第7版），对思维的解释是：在表象、概念的基础上进行分析、综合、判断、推理等认识活动的过程。这一定义强调思维是一个复杂的内在过程，它的作用是产生和控制外显行为，从而实现问题解决。心理学研究中普遍将思维定义为：人脑借助于语言，并以知识为中介，对客观现实的概括的间接反映。这一定义强调了思维的间接性和概括性。我们在理解时可以将这两种代表性的定义进行统一，按照不同的分类标准可以将思维分成不同的类型，如根据抽象程度，可以将思维分为直观行动思维、具体形象思维、抽象逻辑思维；按照形成和应用的领域，可以将思维分为科学思维和日常思维。科学思维的具体分析如下：

科学思维作为思维的一种形式，是在科学实践活动中形成和应用的思维。因此，我们可以将科学思维看作具有意识的人脑对科学事物（包括科学对象、科学过程、科学现象和科学事实等）的本质属性、内在规律性及事物间的联系和相互关系的间接的、概括的反映。可见，科学思维的目标指向的是揭示科学研究中的客体及其关系，生命科学中的科学思维的目标是揭示生命现象背后的本质及生命活动的规律。学生的科学思维能力包括科学思维方法（主要有分析与综合、比较与分类、抽象与概括、建构模型等）和科学思维品质（包括深刻性、灵活性、批判性、敏捷性和独创性）。分析是把研究对象整体分解为一个个部分分别加以研究的思维方式，如对器官、组织、细胞、生物大分子的结构、化学组成等研究就是需要进行分析；综合是指把研究对象的各个部分或各个方面联系起来考查，从整体上去认识和把握研究对象的思维方式。分析是综合的基础，综合是分析的发展，两者相互依存、相互渗透，甚至是相互转化。分析与综合贯穿于所有的思维过程中。比较就是分辨两个或多个事物、要素、事实之间的相似性和不同点；分类指能够根据事物的特性将事物进行归类。归纳和演绎是一对思维方向相反的推理过程，两者都属于思维的高级技能。归纳是从已知的多个特殊事实中概括出一般的原理和规律；演绎则是从一般到特殊，根据一类事物都有的一般属性、关系、本质，来推断这类事物中个别事物的属性、关系和本质。抽象是将对事物的感性的认识去粗取精、去伪存真、由表及里地进行加工，从而抛弃事物个别的、表面的和非本质的东西，抽取出事物一般的、内在的、本质的思维形式；概括是指把抽象出来的个别事物的本质属性连接起来，推及其他同类事物上去，从而归结全类事物共性的思维方法。抽象与概括是形成概念和判断的主要思维技能。学生科学思维能力的形成和发展要以科学知识为基础和中介，在科学探究和科学论证的活动中，逐步发展科学思维能力。

3. 科学探究

科学探究是指能够发现现实世界中的生物学问题，针对特定的生物学现象，进行观察、提问、实验设计、方案实施以及对结果的交流与讨论的能力。探究既是科学家开展科学研究的基本范式，也是学生学习科学的一条重要途径。无论是科学家还是学生的探究，都是围绕着问题或者任务进行的实践活动。科学探究以问题为核心，学生通过探究实现知识的主动建构。科学探究的方式和过程是多种多样的，没有一成不变的模式，但可以遵循一些基本的科学探究要素。

科学探究包括观察、提出问题、收集资料、解释数据、得出结论、预测、表达交流等活动。在教育中开展科学探究，让学生在此过程中亲身体验科学知识的形成、论证和发展过程，有利于他们对生物学概念和科学本质有更深层次的了解。科学探究是科学实践的重要组成部分，学生要模拟科学家科学研究的过程来开展一系列的实践活动，如实地调查、观察现象、设计实验等。科学探究的顺利开展离不开科学的过程性技能，如观察、测量、设计变量、选择工具、分析和解释数据、交流结果等，这些技能通过科学探究学习活动得以训练，同时也是科学探究活动顺利开展的保证。但是，我们也应该意识到，仅仅有这些技能或方法并不代表学生的科学探究能力，学生对技能和方法的学习必须建立在对方法背后的科学思维的培养和对探究原则理解的基础上。

例如，学生不仅要会设计变量，还应该知道为什么要设计这些变量，不仅要知道怎样去收集数据，收集什么数据，还要知道为什么收集这些数据。换言之，在科学探究的过程中一定要有科学思维的保驾护航，学生在学习过程中才能够识别和判定所研究问题的科学性，在持续的判断、反思、决策中发展科学探究的能力，同时也发展了推理、逻辑分析的思维能力。科学探究是培养学生科学素养的重要途径，学生通过科学探究在知识、能力和科学价值观等方面都会得到发展和提高。

4. 社会责任

社会责任是核心素养框架中的一个基本要点，是价值观素养的核心成分。社会责任主要是指个体对社会所应该承担的责任，包括对他人、家庭、社会、国家乃至全人类的担当和贡献。在核心素养的框架中，社会责任主要包括家庭责任、集体责任、国家责任和人类可持续发展责任等多个方面，是个体对自身所负责的认知、能力、情感的综合表现。

生物学学科核心素养中的社会责任是指基于对生物学的认识，参与个人与社会事务的讨论，作出理性的解释和判断，解决生产生活问题的担当和能力。生物学是研究生命及其活动规律的科学，人既是生物学的研究对象，同时也是研究者。生物学有关生态环境、资源、人口、健康等方面的研究都与社会责任中的绿色生活方式、可持续发展理念等息息相关。生物技术的飞速发展为人类生活带来福利的同时，又存在着安全、伦理方面的问题。这些为学生的个人生活和对社会事务的相关讨论与决策提供了认知基础。因此，高中生物学课程要结合具体的课程内容，进一步明确和细化社会责任的要求。例如，通过对细胞生命历程的学习，能够正确理解个体的生长、衰老和死亡，认识生命意义；通过对遗传和变异的学习，能够将遗传学的知识应用到生产生活中去，解决现实社会中的问题；通过对生态系统的学习，能够认识到人是生物圈的一部分，形成生态意识。

学生通过科学实践活动，亲身体验科学家的工作，从而认同科学工作的范式，强调科学的理性，特别是对社会性科学议题的判断。学生通过中学生物学的学习，还应该能够欣赏生物学在揭示生命奥秘、促进社会发展中的贡献，从而乐于传播生物学知识和技术等。

生物学学科核心素养的四个方面不是孤立存在的，它们是一个有机联系的整体。其中，生命观念是生物学学科核心素养的基础和支柱，没有在理解概念基础上形成的观念，科学探究活动很难有效实施，科学思维将缺乏学科内容的支撑，学生也很难在个人生活和社会事务中作出理性的决策。同时，生命观念的形成也离不开科学探究。科学思维和科学探究密不可分，没有科学探究，科学思维将失去根据和实践价值，而科学思维始终贯穿在科学探究的各个环节。生命观念、科学思维和科学探究中都包含有价值观、品格的成分，所以三者的发展都离不开学生的社会责任意识的确立，同时三者也为社会责任的发展提供智力和实践的保障。

（二）生物学学科核心素养的践行

生物学学科核心素养的形成和发展需要在教学实践中落实。学科核心素养是特定学科对学生发展核心素养体系的独到贡献，落实生物学学科核心素养，就是要在教学中围绕如何发展学生的生命观念、科学思维、科学探究和社会责任，达成教学目标。

1. 开展基于生物学科本质的教学

生物学是研究生命现象和生命活动规律的科学，有着与其他自然科学相同的属性，又有着不同于其他自然科学的特点。发展学生生物学学科核心素养的教学，应当站在理解学科本质的基础上，才能够聚焦学科核心素养、彰显学科育人价值。

生物学的学科本质包括两个层面的内涵：一是生物学本质上是一门自然科学，具有同物理学、化学相同的自然科学属性；二是生物学具有不同于其他学科的自身特点。作为一门自然科学，生物学的研究同样经历了从现象到本质、从定性到定量的发展过程，生物学知识是系统化的实证知识，是人们研究自然界形成的概念和构建的概念系列。因此，开展基于生物学学科本质的教学，应当以事实为依据、以方法为手段、以解释为目的，把学生学习的过程演绎为人类社会和生物学客观世界进行互动的动态过程；是通过使用科学方法，从客观世界到科学事实、从科学事实到科学解释之间构筑桥梁的过程。

作为一门具有独特特点的学科，生物学具有研究对象的特殊性、思想观念的人文性、概念和规律的概率性、思维方式的灵活性、研究方法的综合性、学科地位的领先性、实践应用的广泛性等不同于其他自然科学的特点。因此，开展基于生物学学科本质的教学，应当以生物学的基本内容为出发点，既要让学生获得基础的生物学知识，又要让学生领悟生物学家在研究过程中所持有的观点及解决问题的思路和方法。

2. 实施基于生物学概念的教学

中学生物学课程在学生核心素养发展方面的基本价值，是让学生形成基本的生命观和生物学基本观点，提升科学素养；既要让学生建立生物学核心概念，以达成对生命的理解，又要让学生参与科学探索的实践，体验生物学知识的形成过程，感悟生物学思想、方法，建立对生物学的理解。

达成对生物学的理解和对生命系统的理解是学习生物学课程的首要目标。学生产生对生物学和对生命系统理解的过程，是学生在对生物学核心概念的学习中，主体与客体对象化的过程。学生基于对生物学核心概念的学习、掌握、反思，能够进一步抽象形成生命观念，而科学思维的发展、科学探究的运用、社会责任的塑造，同样伴随在学生理解生物学核心概念的过程之中。简而言之，学生发展生物学学科核心素养，是以学习生物学核心概念作为基础的。因此，在教学中落实生物学学科核心素养，要厘清学科核心素养和生物学核心概念的锚定点，实现学习内容和学习目标的有机整合。

3. 组织以科学探究为主要形式的学习

科学探究是生物学学科核心素养的主要内容，也是科学本质的重要内容，也应当是开展生物学教学的基本形式。通常意义上的科学探究指的是科学家用以研究自然界，并基于此种研究获得的证据提出种种解释的多种不同途径。传统观念里，科学只是寻找和报告事实；探究则包含一系列的行为和活动，以及支撑这些行为和活动的方法。

科学探究可以促进科学知识的产生，建立科学的世界观。事实上，在科学发展的历史上，科学知识一直在不断地改变或修正。因此，在生物学教学活动中，相对于直接教授学生知识，更应该教授学生获取这种知识的方法，即科学探究。随着国际科学教育的改革与发展，"以科学探究为中心"已经成为基础科学教育的共识。生物学教学中的科学探究，实质上是发挥学生的主动性，建构学生在学习过程中的主体性，引导学生经历与科学家相似的探究过程，以获取知识，领悟科学的思想观念，学习和掌握方法而进行的各种活动。

科学探究教学在基本内涵上包含两种探究：一种是"科学即探究"，即对科学知识本身的探究，科学被视为一种探究过程；另一种是"探究性教与学"，指对"教与学"这个过程的教学方法的探究，"教与学"的过程本身即为一种探究。因此，在科学探究教学中，一方面，学生的学习材料要展现对科学的探究；另一方面，学生能够通过这些材料被引导参与探究。

在科学探究的教学中，学生的学是积极的、主动的，教师的教是启发性的、引导性的，科学结论的传递是间接的，要求学生通过主动探究来获取，教学的过程应当具有情境性，让学生在情境中展开探究，得出科学结论。

二、高中生物教学认知

（一）高中生物教学的基础理论

1. 国内高中生物教学的理论

（1）孔子的因材施教教育思想。孔子是我国古代最伟大的教育家，其教育思想与当前素质教育有很多相通之处。孔子在他长期的教育实践中创立了人性差异的观念，以"性相近也，习相远也"作为教育实践的指南，进而提出了因材施教的教育原则。孔子认为："力不同科，古之道也。"主张根据学生的特点水平，进行不同的教育，孔子确实有着这种因材施教的思想，孔子的教育实践充分体现了这一思想。

实施因材施教的关键是，对学生有深刻而全面的了解，准确地掌握学生各方面的特点，之后才能有针对性地进行教育。孔子就十分注重观察、研究学生。他采用的方法有"听其言而观其行"以及"视其所以，观其所由，察其所安，人焉廋哉"，"人焉瘦哉"，即通过观察和与学生谈话进行全面了解。正因如此，孔子十分熟悉学生的特点与个性，例如，孔子说过"柴也愚，参也鲁，师也辟，由也喭"，其意为学生高柴愚笨，曾参迟钝，颛孙师偏激，仲由鲁莽。

孔子因材施教的教学方法，对于现在实施素质教育也是大有启发的。在相当长的时期里，教师的教育模式忽视学生的个性差异，不能保证全体学生的素质都得到提高。当前教师实施素质教育，非常注重吸取孔子因材施教的思想，从学生实际出发，注重学生的个性特点，从而实现共同进步、共同发展、共同培养的目的。

（2）陶行知的生活教育思想。"教育即生活"是陶行知生活教育理论的核心，在陶行知看来，教育和生活是同一过程，教育含于生活之中，教育必须和生活结合才能发生作用。"生活即教育"的核心内容是过怎样的生活便是受什么样的教育。生活教育思想认为，人们在社会上生活不同，因而所受的教育也不同，另外，生活教育与生俱来，与生同去。可见，陶行知的"教育"是指终身教育，它以"生活"为前提，不与实际生活相结合的教育就不是真正的教育。生活即教育就其本质而言，是生活决定教育，教育改造生活。具体而言，教育的目的、内容、原则、方法均由生活决定，教育要通过生活来进行，整个的生活要有整个的教育，生活是发展的，教育也应随时代的前进而不断发展。不是被动地由生活制约，而是对生活有能动的促进作用。生活教育的实质体现了生活与教育的辩证关系。在一般的生活里，找出教育的特殊意义，发挥出教育的特殊力量。同时要在特殊的教育里，找出一般的生活联系，展开对一般生活的普遍而深刻的影响。把教育推广到生活所包括的领域，使生活提高到教育所瞄准的水平。

2. 国外高中生物教学的理论

（1）布卢姆的掌握学习理论。布卢姆的掌握学习理论集中反映了其基本的教育思想和理论观点。掌握学习就其实质而言，是一个改进课堂教学的综合计划。许多学生在学习中之所以未能取得优异成绩，主要问题不是学生的智慧能力欠缺，而是由于未能得到适当的教学条件与合理的帮助造成的。通常而言，如果按规律有条不紊地进行教学，如果在学生面临学习困难的时候给予帮助，为学生提供足够的时间以便掌握，对掌握规定明确的标准，所有的学生事实上都能够学得很好，多数学生在学习能力、学习速度和进一步的学习动机方面就会变得十分相似。

掌握学习理论也承认学生之间智力差异是存在的，但学生的能力差异主要是后天的，因此，只要提供适当的先前与现实条件，几乎所有人都能学会一个人在世上所能学会的东西。这个结论显然最适用于学校群体中的中间生。换言之，给学生提供足够的时间与适当的帮助，学生都能够学好应学学科并高水平地掌握知识。教育者的职责就在于最大限度地促进每一个学生全面发展，而不只是选择优胜者。

掌握学习的理论基础在于一个假设，即：几乎所有的人都能学习，几乎所有的人都能达到对所学内容"掌握"的要求。如何达到，这就需要考虑"策略"。依据学生学习达成度的差异受"各种学习能力""教学质量""教学理解力""坚持性""学习时间的分配"五种变量所制约，由此可推演出掌握学习的基本策略是：对教师而言，教学中应当经常考虑如何为学生创造学习的机会以及提高自身的教学质量。对学生而言，要考虑通过教学活动培养和提高自身学习的持续力，对教学的理解力以及学习课题的能力倾向。掌握学习策略的实质是群体教学并辅之以每个学生所需的频繁的反馈与个别化的矫正性帮助。

实施掌握学习必须把握三个变量：一是先决认知行为，指学习者在学习新的知识之前，必须具备一定的基础知识和能力；二是先决情感特点，指学习者参与学习的动机和态度；三是教学质量，指学校、教师、学生的学习和学习过程产生重要影响的各种直接控制因素。这三个变量相互依存，相互作用，共同影响着"掌握学习"的效果。

（2）奥苏贝尔的有意义接受学习理论。人类的学习有多种多样的类型。但从学习的内容和学习者已有的知识经验的关系而言，可以把人类学习分成有意义学习和机械学习；按学习方式可分为接受学习与发现学习。这两种方式都有其存在的价值并适用于特定的条件，在大力提倡"发现学习"的今天，教师也不能全盘否定"接受学习"对学生高效、经济获得系统和科学的文化知识，直接吸收人类社会历史实践的文明成果方面的作用。学生在学校中的学习毕竟还是以学习书本知识为主的，因此，奥苏贝尔提出"有意义的接受学习"理论。

　　有意义接受学习必须满足内、外条件。内部条件是指学习者须有有意义学习的倾向，即学习者积极主动地把新知识与认知结构中原有的适当知识加以联系的倾向性，同时，学习者认知结构中必须具有适当的知识，以便与新知识发生联系。此外，学习者还要积极主动地使这种具有潜在意义的新知识与其认知结构中有关的旧知识发生联系。而外部条件是指学习材料本身必须具有逻辑意义，材料间应建立起非人为的、实质性的联系。非人为的联系是指新知识与认知结构中原有内容之间有某种合理的或逻辑基础的联系，实质性的联系是指新的符号或符号代表的观念与学习者认知结构中已有的表象、有意义的符号和概念的联系。设计与采用"先行组织者"策略。所谓先行组织者是先于学习任务本身呈现的一种引导性材料，它在概括与包容的水平上高于要学习的新材料，但以学习者易懂的通俗语言呈现。设计"先行组织者"，就是为新的学习提供观念上的固定点，给学习者已知的东西与需要知道的东西之间架设一座知识之桥，以便更有效地学习新材料。

　　组织者可分为两类：一是陈述性"组织者"，应用它的目的在于为新的学习提供最适当的类属者，它与新的学习产生一种上位关系；二是比较性"组织者"，用于比较熟悉的学习材料，目的在于比较新材料与认知结构中相类似的材料，从而增强似是而非的新旧知识之间的可辨别性。

　　（3）杜威的从做中学教育思想。约翰·杜威是美国教育史上著名的教育家，他一生始终不渝地对现代教育进行着探索，在理论和实践紧密结合的基础上，构建起实用主义教育思想体系。杜威的实用主义教育思想博大精深，其中举世闻名的观点就是"从做中学"。杜威的"从做中学"教育思想，充分体现了学与做的结合，也就是知与行的结合。"从做中学"使学校与生活密切联系起来，其结果是，学校得到新生，完全革除传统教育知行脱节、动脑不动手、学生处处被动的不足。

（二）高中生物教学的有效性

1. 高中生物教学有效性的特征

　　教学的有效性是指通过课堂教学使学生获得发展。首先，发展就其内涵而言，指的是知识与技能、过程与方法、情感态度与价值观三者的协调发展。通俗而言，课堂教学的有效性是指通过课堂教学活动，学生在学业上有收获、有提高、有进步，具体表现在：学生在认知上从不懂到懂，从少知到多知，从不会到会；在情感上，从不喜欢到喜欢，从不热爱到热爱，从不感兴趣到感兴趣。

　　课堂教学的有效特征（或表现）有很多，但最核心的是学生是否愿意学、主动学以及怎样学、会不会学。一般而言，有效的课堂教学应具有三个特征：①学习活动化，即师生共同参与创造性活动，以促进学习；②学习背景化，即把教学与学生的真实生活联系起来；③过程交往化，即通过对话进行教学，通过课程发展学习者的语言。总而言之，课堂的有效性不仅指课堂的教学活动要有实效性，还包括在原有基础上提高教学的效率。

2. 高中生物教学有效性的原则

有效教学决定着教学质量的高低，它是教师永远不变的职业诉求，是决定新课程改革成功与否的关键。在高中新课程的教学中，克服以往教学中出现的无效、低效瓶颈，提高教学有效性，总体而言，除了针对教学现状，选择适合的教学策略外，必须遵循以下原则：

（1）尊重学生差异的原则。人是有差异的，由于遗传与后天成长因素的不同，学生学习不管是接受程度、反应快慢和思维方式都有着较大的差异。在教学中教师经常可以看到，有的学生善于借助实物学习，有的善于借助图表解决，有的善于借助推理得出答案，由于存在差异，解决问题的办法往往是各不相同的。

差异是客观存在的，所以尊重差异，关注差异，尊重学生的学习方式，创造适合每一个学生学习的方法，以欣赏的眼光看待学生的差异，是当前生物课程对教师的要求。进行差异教育，就是落实因材施教，达到差异化发展。有效教学的一个重要指标是实现学生的有效学习。实施因材施教，需要在对学生的兴趣爱好、知识技能基础、思维特点和认知方式进行分析的基础上提供不同的教学材料，设计不同的教学问题，以促进学生的有效学习。例如，可以给抽象思维能力强的学生设计跳跃性强的问题，让他们自己借助已有的知识基础去分析和获取；给形象思维能力强的同学提供可以帮助学习的材料，让他们借助数学模型习得知识；引导直觉思维能力强的同学去演绎和推理。

（2）以学生为主体的原则。以学生为主体，充分发挥学生的主体作用，是当前教育的重要思想。学习是学生的学习，是完善心智的过程，只有通过学生主动的知识建构，才能实现真正意义上的学习。但是，不能因为要发挥学生的主体作用，而忽视教师的主导作用。一般而言，学生对问题的探究有时会表现出浅显的表面探究，要使问题走向深入，必须通过教师循序渐进地引导，否则容易造成探究性活动浅尝辄止。例如，教师关键时候的一句提示，易混之处的一个点拨，茫然不知所措时的一句提醒，都是教师主导作用发挥的表现。学生主体和教师主导看似矛盾的两个方面，而实际是有机统一的，重视学生主体忽视教师主导是片面的，同样的，重视教师主导忽视学生主体也是不恰当的。

（3）树立学生幸福感的原则。学习的幸福来自学习本身给学习者带来的心理感受。学习的幸福指数决定着学习者生命的质量与学习对于学习者个人的价值。毋庸置疑，学习是艰苦的劳动，但对中学生而言它应该是愉悦的心智体验，这种心智体验将伴随着他们的成长，所以还学生愉快的学习生活，给学生找到学习的幸福感应该成为学校和教师对于社会的承诺。使学生在学习中找到幸福感可以从以下几个方面做起：

第一，教师要保持一颗爱心，能实行教学民主，能走下讲台与学生对话，能成为学生的挚友。

第二，教师的眼光是柔和的、亲切的、热烈的与激情的，能始终关注班级每一个学生的学习，体现对生命的尊重、欣赏和热爱，尤其是对学习有困难的学生。

第三，选择合适的教学策略，落实学生的主体地位，让学生自主探索，合作学习，在尝试中学习，在错误中顿悟，经历由不会到会的过程。精心组织教学活动，提高教学的趣味与品位，针对不同学生设计问题，调动学生的学习热情，让课堂活起来，把提高学生学习的参与度放在教学的首位。

第四，以学生为本，创设有效的教学情境，以情境组织学生的有效学习，在探究中加深对知识的理解和掌握，在运用中实现知识的建构，在拓展中进一步完成学习的兴趣和意志培养。把培养学生的创新精神和实践能力切实落实在课堂，并在课堂上得以展示。

第五，给学生创造成功的时间和空间，让学生体验学习的成功，感受成功的喜悦，提高学习的自信，磨炼学习的意志，增强学习的动机。

第六，关注课堂生态，让课堂始终洋溢着生命的激情与创造。给学生创造机会，让学生成为学习真正的主人。课堂的机会很多，主要表现是学生能否有十二个学习"自主"：自主从生活中提炼出问题、自主提出对问题的猜测、自主提出解决问题的思路、自主验证猜测、自主归纳结论、自主确定学习的伙伴、自主提出不同的解决问题的思路、自主将知识与生活联系起来、自主完成新旧知识间的联系、自主要求教师给自己提高问题的难度和知识学习的幽默感、自主与同伴分享学习成果、自主学习。

3. 高中生物教学有效性的方法

（1）创设学习情境，激发学习兴趣，使学生乐于活动。教学中教师要尽可能地从生活或具体情境中引入新知，让学生在有效的情境中产生学习和探索的兴趣。课的引入是学生能否产生学习兴趣、渴求新知、增强教学效果的关键。因此在教学中，教师要善于了解学生的学习特点，不断改进教学方法，根据学生的心理特点和教学内容，挖掘教材活动性和创新性因素，努力创设各种生动形象的教学情境，激发学生的学习兴趣，引导他们积极、主动参与到学习中去。

（2）设计活动化学习过程，促进学生主动参与构建学科知识。学生能否真正在理解的基础上掌握知识，取决于新知识是教师给予的还是自身探求而获得的。在教学中教师应努力优化教学过程，实施开放式教学，把课堂营造成学生熟悉的活动场景，把新知识的学习运用过程设计成一定的活动，激励学生主动参与进来，让学生在活动中探索求知、在活动中发现创新，提高学习活动效率。

（3）开展全方位交流，让学生在立体互动的交往中发展能力。教学中教师要为学生营造一种民主、和谐的氛围，给学生以心理上的安全感。开放式教学中教师可以是传道者、引路人，也可以是意见倾听者、参与者、学习者，可以是长辈、导师，也可以是朋友。建立这种师生关系，有利于营造一种民主、平等、和谐的课堂氛围，有利于挖掘学生的学习潜能。

（4）培养良好的学习习惯，提高学生参与活动的自觉性。培养良好的学习习惯主要有：培养学生主动提问的习惯；培养学生主动参与活动的习惯；培养学生独立思考的习惯；培养学生主动发言、认真倾听的习惯；培养学生自觉修正、主动构建认知结构的习惯。

（5）运用激励性评价，提高学生参与活动的积极情绪。学生个性差异决定他们在学习活动中理解、感受、发现程度各有不同，他们对知识的理解或深或浅、感受或多或少、发现或有或无，但只要他们能主动投入学习活动的全过程，总会有自己的收获，总能在原有的基础上有所发展。教学中教师要重视学生参与学习过程的积极性和参与程度；重视学生参与学习过程的态度和情感；重视激发学生的问题意识。运用激励性评价，以欣赏与发展的眼光看待学生的活动，适时地给予激励。教师应及时对学生的学习活动做出积极评价。要针对学生参与活动的情绪，肯定其积极因素，倡导个体活动和小组活动的有机结合，促成学生对学习活动的积极响应。

4. 高中生物教学有效性的提高

（1）注重培养学生的主观能动性。课堂教学所谓学生的主体性，是指在课堂教学中，作为主体的学生在教师引导下处理与外部客观世界的关系，主要是课程和教材所表现的功能特征，具体表现为选择性、自主性、能动性和创造性。学生作为课堂教学的对象，作为成长中的个体，受动性、依附性和模仿性等也是学生主体性的有机组成部分。社会是一个大舞台，每个人都在这个舞台上扮演着不同的角色，而角色是随着身份的变换而变换的。学习者也有多重身份、多重角色，有时会是读者，有时会是听众，有时会是研究者，有时会是实践者。因此，在教学过程中，必须让学生成为各种角色，积极主动地参与教学活动，这样才能更好地发展其主体性，更好地完成教学任务。

学生是课堂教学的主体，这在教育界基本已经取得共识。在当前课程改革这个大背景下，随着社会发展的需要和教学现代化的要求，主体性教学将是一种培育和发展学生的主体性品质的社会实践活动。由于基础教育实践和理论研究对学生的主体性特征的重视程度不够，当前突出强调这些是很有现实意义的，我们可以在今后的基础教育课堂教学中引起高度重视，这也将是提高高中生物课堂教学有效性的一个切入点。

（2）构建发展性的课堂教学。关于发展性课堂教学，即如果家长和学校为了学生的共同利益而密切合作、相互尊重、彼此支持，学生就会乐意到学校读书；如果学生知道自己所学的内容富有意义且与自身密切相关，他们就会产生学习的动力；如果学生知道他们已经达到了自己能力范围内的最高水平，他们就会取得成功并获得一种自我满意感；如果教师针对每个学生独特的感官特征，而使用多种不同的教学方式，学生就会乐于学习；如果学生和教师互相尊重对方的多样性和学习能力，他们就会彼此尊重对方；如果学生喜欢学习，他们就会积极参与到课堂教学中来；如果所有的学生都可以通过考试之外的其他评价方式展示自己所学的东西，他们每个人都会表现得很好。基于上述特征的一个课堂，就是完美的课堂或者近乎完美的课堂，即发展性课堂。

发展性课堂是一种由父母、教师、管理者以及学生本身多方共同承担责任的理想模式的教育，但其中教师在设计方案和提供有意义的学习环境方面起到了关键作用。教师目前的课堂教学虽然达不到这个标准，但本着提高课堂教学有效性这样一个信念，教师可以将其作为课堂教学发展的一个目标，朝着这个方向共同努力。

当前的高中生物课程在其理念、结构、内容、实施、评价、管理等方面较以往都有了重大的突破和创新，同时对广大教师和教育工作者提出了许多新的、更高的要求和挑战。教师应以科学发展观为指导思想，全面贯彻教育方针，深化教育改革，推进素质教育。课堂教学应以学生的全面发展为本，广大教师以及教育工作者应站在发展的高度审视教师未来的教育，争取构建上述这样一种和谐的发展性课堂教学，目的是为学生构建一个适合身心全面健康发展的良好学习环境。

（3）积极创建反思性的课堂教学。有效教学需要教师具备一种反思的意识，并且养成课后撰写教学记录的良好习惯。每一个教师如果不断地反思自己的日常教学行为，持续追问"怎样的教学才是有效的"，如此就会督促教师寻求一种更有效的教学方法。课后反思是教师对课堂教学实践的再认识、再思考、再提高的过程，是提高教师个人业务水平的一种有效手段，一名优秀的教师，应将教学反思贯穿于整个教学生涯。教师可以随时将课堂中遇到的问题及时地记录，进行自我反思或与其他教师讨论交流，通过比较找出差距，用别人的长处来弥补自己的不足，从而提升自己，这也是一种教学反思的有效手段。反思的渠道也是多角度、多途径的。撰写课后教学反思笔记是一种很好的方法，可以加强教师对自我教学的回顾、审视，在思考中提高自身教学反思能力和教学水平，这也将是教师日后进行教学研究的案例素材，对课堂教学有效性的提高有很大帮助。

教学反思笔记的内容可灵活多样，教师可及时记录教学中存在的问题，例如，由学生的提问可以发现自己教学中的不足，从学生的作业、试卷中可以发现问题，请教师、教研员听课可帮助自身找出失败之处，然后加以克服。可以收集各方面的资料，丰富自己的课堂教学内容及素材来源。还可以记录自己在课堂上的成功之举，学生的独到见解，自己偶然间的一个教学灵感，优化后的教学设计方案，对教学评价的反思等，这些都可以有效帮助生物教师积累教学经验，还可以提高生物教师的思维能力和写作水平，也是一种教师对教学上精益求精的科研态度和精神。为了能够真正肩负起实施新课程的教学任务，教师必须通过各种方式进行自我完善，提高自己的专业素养，课堂教学反思是其中有效的方式之一。反思性教学也将是新课程实施过程中提倡的又一种有效的教学理念。

（4）建立回归生活的课堂教学。对于学生而言，课堂教学是其学校生活的最基本构成，它的质量直接影响学生当下及今后的多方面发展和成长。生物学不仅是一门实验性学科，更是一门与生命、生活紧密联系的学科。课堂教学过程也是师生的生活过程，生活中蕴含着丰富的教育因素，学生的校内外生活是学校课程资源开发的主要领域。生活也是现实的、具体的，人的生活是与需要、愿望、情感和体验相联系的，课堂教学必须密切联系学生的生活。课堂教学观照学生的生活，意味着课堂教学关注有完整的生命表现的人的存在，并致力于完整的人的成全。

当前，非常重视教学与生活的紧密联系，关键的是应当将这一理念有效地落实到课堂教学中来，使课堂教学面向学生、面向社会、面向生活，更加贴近学生的生活经验和现实生活世界，全面观照学生的认知、体验和感悟等多种生活形式，赋予课堂教学以生活的意义和生命的价值，努力改善和提升学生的生存状况、生活方式和生活质量，引导他们热爱生活，提高对生活的深刻理解、体验和感悟，促进学生在生活质量、生活品位、生活格调上的提升，并在此基础上构建一种尽可能回归生活的有效课堂教学。

（5）与现代信息技术整合的课堂教学。生物科学与技术的飞速发展，更加凸显了生物学在科学研究领域以及人类生活中的地位。信息时代，信息技术的发展将促进传统教育思想、教学理论、教学理念、教学手段的变革。现代技术手段在教学实践中已经体现出强大的生命力，加强教学模式与现代信息技术的整合研究，是知识经济时代和信息化社会对课堂教学方式研究的必然要求。高中学校应该有效利用现代信息技术的各种优势，将高中生物学课程与其整合，使活动变得更生动形象，在更大程度上激发学生学习生物的兴趣。例如，用多媒体呈现的图片、视频短片、模拟动画等类型丰富的教学方式，可以很大程度地简化和降低教师讲授的难度，也可以帮助学生快速地理解和接受新知识。尤其是在实验教学中，传统的课堂教学或有的学校受实验条件的限制，但是如果利用多媒体技术设计课件，可以让学生从感官上升到直观的观察。

多媒体教学更容易增加生物信息的密度，图文并茂的呈现，增强课堂生动性，丰富学生的生物学知识面，提高课堂效率。多媒体辅助教学可以化微观为宏观，将教师无法用肉眼看到的细胞、病毒、真菌等，通过模拟显微镜放大的图像，宏观展示给学生。还可化静为动，生命本是运动的，生物的生长、发育、繁殖等生理过程，时间和空间跨度太大，语言描述达不到让学生深刻体会的效果，但是通过多媒体技术，就可以快速地重现这些过程。在与社会发展与时俱进的要求下，课堂教学也要跟上时代的步伐，但也不能摒弃传统课堂教学中讲授和板书的教学模式，它们各有利弊，教师应当将两者有机整合，择其优而用之，使之更好地为课堂教学服务，这是新课改背景下教学模式的一种必然发展趋势。

第二节　深度学习与高中生物深度学习的现状

一、深度学习的认知

（一）深度学习的基本内容

1. 深度学习是培养核心素养的重要途径

教学，当然离不开知识（人类历史文化成果）的学习，但教学绝不是把储存在书本上的知识转移到学生的头脑里再储存起来，而是要把外在于学生的、和学生没有关系的知识，在教学中转化为学生主动活动的对象，从而与学生建立意义关联，并通过学生个体的主动学习转变成学生成长的养分。这样的教学，就抓住了它的根本——既实现了人类历史文化的代际传承，也实现了培养人、发展人的根本目的。这样的教学，才是真正的教学、好的教学。这样的教学，绝不是教师、学生、知识三方各自孤立、毫无关联地进行知识传授的过程，而是教师、学生、知识紧密联系在一起共同实现学生全面发展的过程，是培养学生关键能力、必备品格和正确价值观的过程。这样的教学，我们就可以说是深度学习。

"深度学习的提出在于实现立德树人的根本目的，培养和发展学生的核心素养，促进学生的全面发展"。[①] 因此，深度学习的提出，绝不是又多了一种新的教学方式或教学模式，而是鼓励教师深入探讨教学规律，研究学生的学习规律，从而真正去帮助学生学习与成长。因此，对于深度学习，要把它理解为教学规律在教学实践中的具体化。深度学习的表现形式有很多种，但核心要点是共同的，具体如下：①深度学习是教学中的学生学习而不是一般的学习者的自学，因而必有教师的引导和帮助；②深度学习的内容是有挑战性的

---

① 孙丽霞：《高中生物深度学习模式构建与实践路径》［M］，长春：吉林人民出版社，2021 年版，第 2 页。

人类已有认识成果；③深度学习是学生感觉、知觉、思维、情感、意志、价值观全面参与的、全身心投入的活动；④深度学习的目的指向具体的、社会的人的全面发展，是形成学生核心素养的基本途径。

从以上核心要点可以看出，深度学习强调教师主导下的学生主动参与、积极建构，强调学生的教育性发展。因此，深度学习较心理学的一般学习理论，立意和站位更高更远，是从促进学生全面发展的角度、从培养能够开创美好未来的社会实践主体的角度来谈学习的。另外，深度学习不仅强调心理学意义上的抽象个体参与和个体建构，更强调社会关系中的个体主动建构与参与，强调学生作为社会个体的发展而非抽象的心理机能的发展。在这个意义上，深度学习超越了心理学对学习者发展的期待。

综上，便可以给深度学习这样下定义：所谓深度学习，就是指在教师的引领下，学生围绕着具有挑战性的学习主题，全身心积极参与、体验成功、获得发展的有意义的学习过程。在这个过程中，学生掌握学科的核心知识，理解学习的过程，把握学科的本质及思想方法，形成积极的内在学习动机、高级的社会性情感、积极的态度、正确的价值观，成为既具独立性、批判性、创造性，又有合作精神、基础扎实的优秀学习者，成为未来社会历史实践的主人。

这个定义有两个方面：前一句话是对深度学习的性质做出界定和判断，即"在教师引领下，学生围绕着具有挑战性的学习主题，全身心积极参与、体验成功、获得发展的有意义的学习过程"。这句话先强调深度学习是教学活动而不是一般学习者的自学活动，它强调教师对作为主体的学生学习活动的引导与帮助。无论教学活动的具体形态如何，其核心都是以学生为主体的主动学习活动。然后，这句话强调学生有意义的学习过程，在最初级意义上，所谓有意义的学习过程是指与机械学习对立的意义学习，即奥苏伯尔所说的有意义学习过程，它的实质就是符号所代表的新知识与学习者认知已有的适当观念建立非任意的和实质性的联系，这种有意义学习与通常所说的死记硬背、机械学习不同，是有实在意义的。

有意义学习需要具备以下条件：一是学习材料必须具有逻辑意义；二是学习者自身必须具备有意义学习的意向（如积极主动建立意义关联的倾向）、具有与新知识进行关联的先行知识并能够积极主动地将新旧知识进行关联。然而，我们所说的有意义学习，在初级意义之上，更强调有意义学习的教育性、发展性、目的性，无论是教学目标、教学内容、教学方法，还是师生间的互动，都应该是有教育意义的，是积极健康的培养人的过程。

定义的后一句"在这个过程中，学生掌握学科的核心知识，理解学习的过程，把握学科的本质及思想方法，形成积极的内在学习动机、高级的社会性情感、积极的态度、正确的价值观，成为既具独立性、批判性、创造性，又有合作精神、基础扎实的优秀学习者，成为未来社会历史实践的主人",是对深度学习的目的与任务做出规定。具体而言,"掌握学科的核心知识,理解学习的过程,把握学科的本质及思想方法,形成积极的内在学习动机、高级的社会性情感、积极的态度、正确的价值观",规定了深度学习的几重任务;"成为既具独立性、批判性、创造性,又有合作精神、基础扎实的优秀学习者,成为未来社会历史实践的主人",是深度学习的最终目的,即"树人"。

这个定义是对理想教学的最大抽象和概括,包含了人们对教学活动的期待、想象和追求。深度学习是"真"的教学,因为它把人类历史认识成果(人类已有经验)转化为学生主动的活动,转化为学生的精神力量和发展能量。作为培养人、促进人的发展的重要活动,教学主要通过化解人类历史认识与学生个体认识的差距,说明学生能够作为主体去学习、继承人类已有的社会实践(认识)成果,在知识、能力、思维方式、境界等各个方面达到人类已然达到的高度。因此,经由教学,外在于学生的人类实践(认识)成果能够转化为学生内在的力量;人类认识世界、改造世界的方式能够转化为学生认识世界、创造未来新世界的重要方式;蕴含于人类知识以及知识发现过程中的高级社会情感、态度、价值观能够潜移默化地成为学生个人对待世界、看待人生的价值观。总而言之,通过教学,将人类认识成果的精华,转化为年轻一代自身鲜活的现实实践。在这个意义上,教学的意义就在于它能够通过对人类历史实践成果的学习,使每个年轻人能够进入人类历史长河,了解人类过往的努力与成就,帮助每个年轻人有能力、有力量、有信心、有毅力去"接力"人类实践的步伐继续向前,成为连接过去与未来的推进人类历史向前发展的主人。这是教学的意义,也是教育的价值和存在的理由。

2. 深度学习是触及学生心灵的教学形式

"深度学习"是个新词,但并不是新事物,它就是"真"教学,就是教学应该有的样子。需要特别指出的是,深度学习是指教学中学生的学习而不是自学,它是对以往一切优秀教学精华的概括、提炼和命名。换言之,深度学习就是好的教学,内在包含着学生积极主动的学习。

以往关于学习活动的各类研究(如生理学、心理学的研究)很少触及学习者的心灵。也许是因为心灵难以被客观研究,但很有可能是因为这些研究并不认为心灵对学习有意义,因而未将其纳入研究的视野。事实上,人的学习若不触及心灵,就会沦落为抽象个体的生理活动,至多只是心理活动,而不是一个活生生的有思想的具体的人的活动。有了心灵的伴随,感觉、知觉以及其他客观的心理活动才成为"这个人"的心理活动,学习也才成为"这个学生"的学习,"这个学生"才真正作为主体主动、积极地展开学习活动。在这个意义上,学习是极具个人意义的活动,与他的个人经历、内心感受、思想水平及想象

— 17 —

力都有着密切的关联。如果只是根据学生的生理和心理的年龄特征来抽象地理解，就难以真正触动心灵、引发学习。只有那些与孩子心灵相通的教师才有可能唤醒学生的心灵，引发学生用心学习。

因此，学生的学习是极为社会性的活动，学生关心什么、能够养成怎样的心灵、达到怎样的精神境界，与他的老师、同学有关，与他每日的经历有关，与他所处的社会环境有关，与正在进行的沸腾的社会生活有关。

而教育的目的，也绝不仅仅是养成一个个抽象的、偶然的个体，而是造就能够进入伟大的社会历史实践进程的、具体的社会的人，有历史感、有责任感、有担当精神的人。在这样的意义上，可以说，深度学习的"深"是这样的"深"：它超越生理学、心理学，而达到社会历史实践的深度，它触及学生的心灵深处，与人的理性、情感价值观密切相连，它要培养的是社会历史进程当中的人。所以，深度学习，首先"深"在人的精神境界上，"深"在人的心灵里。

在网络时代，在人工智能时代，在芯片植入已经从科幻走向现实的时代，深度学习显得尤其迫切。可以说，无论在什么样的时代，通过教学掌握知识技能，形成高级认知、高阶思维都是理所当然的。如果仅仅是这些，完全可以由人工智能来替代，可以由人工智能来完成教学的任务，甚至无须教学，直接由人工智能替代这样的教学所培养的人。但是，学生成长的愿望、敏锐的感受力、理性的体验、思想的情感色彩以及为他人和社会勇于承担的责任感和历史感是不能被替代的，而这也正是教学不能被替代的理由。

因此，如何引起学生的理智兴趣，使学习成为一件富有吸引力的事情，如何激发学生全身心地投入有思想、有感情、有创造力的活动，是人工智能做不到而教师不能被替代的部分。因为这里有教师对学生的爱与关怀，有教师对学生成长为一个更好的人的期待以及为此而做出的种种努力。这些是不能被替代的，是不能被程序化，不能被安排的，是虽有缺陷但不断努力会变得更好，虽然稚嫩但在努力成长的，是与"人"有关的。深度学习之"深"，深在这里，它绝不仅是"浅"的对立面，它与人的心灵相关，是不能被替代的。

深度学习还"深"在系统结构中、"深"在教学规律中。深度学习虽然表现为一个个的教学活动，但这些活动并不是孤立的一个个的活动，而是存在于有结构的教学系统中的。正如语文阅读教学有精读、有泛读，速度有快有慢，山谷有高峰必有低谷一样，学生的深度学习也是一个系统，需要整体把握。并不是每一节课、每一个活动都得"深度加工"，而是要根据教学规律有节奏地展开。依循教学规律，才是真正的"深"。

深度学习不仅要"深"下去，还要"远"开来；不仅要实现当前的教学目标，让学生掌握知识、形成技能、发展能力，提升思想水平、精神境界，更要培养能够进入未来社会历史实践的主体。

（二）深度学习的特征表现

深度学习并不神秘，也不是前所未有的新创造，而是数百年来优秀教学实践及理论研究成果的升华与提炼，是对一切表层学习、机械学习的反动，是超越生理学、心理学的社会活动。任何教学活动，都要处理教师、学生、知识等教学核心要素间的关系。以下方面既是深度学习的特征，也是深度学习如何处理教学活动各要素之间关系的具体体现。因此，这些特征也可作为深度学习是否发生的重要根据。

1. 联想与结构——经验与知识的相互转化

"联想与结构"，既指学生学习方式的样态，也指这样的学习方式所处理的学习内容（学习对象）。

作为学习方式的样态，"联想与结构"处理的是人类认识成果（知识）与学生个体经验的相互转化问题。来到课堂上的学生绝不是一张白纸、一块白板，而总是带着已有的经验来的。这些经验有的是日常生活经验，有的是以往所学知识的内化并在学生生活中得以实践的经验。在进入教学之前，这些经验大多只是自在地存在着的，因而需要教师的说明以唤醒、改造，使之能够自觉进入教学，既辅助当下的教学，又使经验进入新的结构并得到进一步的提升、唤醒或者改造，能够使片面的经验变得全面、繁杂的经验变得简约、错误的经验得以纠正……使自在的成为自觉的。这种唤醒或改造以往经验的活动，可被称为"联想"，而以往经验融入当下教学并得以提升结构化的过程，可被称为"结构"。

强调"联想与结构"，意在强调个体经验与人类知识在深度学习过程中不是对立的，而是相互成就、相互转化的。"联想"（唤醒、调动）是观照、重视学生个体经验（包括日常生活经验），而"结构"是通过教学活动对经验和知识的整合与结构化。由于经验的参与，知识的学习就有了生长的根基，能够使知识转化为与学生个体有关联的、能够操作和思考的内容（对象）；因为对知识的学习，经验成为自觉的、有意义的内容，成为沟通学生学习与人类认识发现的重要桥梁。"联想与结构"需要学生的记忆、理解、关联能力以及系统化的思维和结构能力的共同参与。同时，这些能力也将在学习过程中得到进一步的发展。

作为学习方式所处理的学习内容，"联想与结构"是指学习内容不是孤立的，而是在结构中、在系统中的知识，是能够被唤醒、被调用的，是能够说明其他知识也能够被其他知识所说明的。知识不是词语的简单组合，而是有内在联系的结构与系统，并在结构、系统中显示出它的意义。例如，之所以"颜色"这个词有意义，是因为物体除了颜色还有形状、大小、质地等特征，于是"颜色"便在与其他特征的联系与区分中获得了独立的意义；"颜色"之所以有意义，还因为它有多种具体的表现和维度，如有黑色、白色、红色、绿色等，"颜色"是对它的多种表现形式的共同特征的抽象。三角形之所以有意义，是因为它可以与四边形、五边形等区别开来，锐角三角形也由于直角三角形、钝角三角形的存在而获得其独立的意义。

建立事物之间的联系，就是在学生的已有经验与新经验（知识）之间建立联系，从而使学生与知识建立意义关联。夸美纽斯在《世界图解》一书中介绍了"活的字母"（象征字母表），即字母表中的字母和动物图画一一对应，动物所发出的声音就代表着字母的发音。在夸美纽斯看来，机械地去掌握字母，会使学生陷入毫无意义的发音练习之中，令学生生厌。他的这个创造，使得儿童能够用他所熟悉的动物的叫声来联想字母的发音，虽然有些牵强，但至少唤醒了儿童自己的经验，使已有的经验介入学习，比机械地去练习发音要有意义得多。

教学中学生所学的知识不是零散的碎片式的、杂乱无章的信息，而是有逻辑、有结构、有体系的知识；学生也并不孤立地学习知识，而是在教师的引导下，根据当前的学习活动去联想、调动、启动以往的经验，以融会贯通的方式对学习内容进行组织，从而建构出自己的知识结构。换言之，学生以建构的方式学习结构中的知识，从而也通过建构将学习内容本身所具有的关联和结构，进行个人化的再关联、再建构，从而形成自己的知识结构。

学习学科的基本结构，以联想的、结构的方式去学习，是深度学习的重要特征。这种基本结构，是普遍的、强有力的、适用性的结构。只有掌握学科的基本结构，才能明了学科的一般图景，弄清事物之间的相互关系。

2. 活动与体验——学生的学习机制

"活动与体验"是深度学习的核心特征，回答的是深度学习的运行机制问题。"活动"是指以学生为主体的主动活动，而非生理活动或受他人支配的肢体活动；"体验"是指学生在活动中生发的内心体验。活动与体验相伴相生，若是主动活动，必会引发内心体验；理性而高尚的体验，必是在有意义的社会活动中生发的。

学生要成为学习的主体而不是被动的知识接收器，就得有"活动"的机会，有"亲身经历"（用自己的身体、头脑和心灵去模拟地、简约地经历）知识的发现（发明）、形成、发展的过程的机会。正是在这样的活动中，学生成为活动主体，具备审美能力和文化修养，成为称职的文化继承者，成为一个具体而丰富的人。

学生的学习具有高起点性，即学生无须经历漫长曲折的试错摸索，就能直接面对人类认识成果。换言之，学生并不依循人类知识发现（或发明）的过程，并不会由低到高、由错误到正确、由片面到全面地去重新经历一次，而是直接学习某一内容的最高成就，从人类认识的"终点"开始。这样的高起点，意味着学生不必从头开始探索，也不用在实践中积累经验，获得认识。如此，教学就走上一条捷径，快速但并不轻松。因为学生认识的直接对象并不是客观事物本身，而是对客观事物及其联系进行描述的符号及符号系统；准确而言，是透过符号及符号系统去认识客观事物。同时，在符号及符号表达的客观世界之外，人类认识成果的发现与发明过程本身，也是学生的认识对象，是学生思考与质疑、批判与评判、分析与推理的对象。如此，学生的认识对象便是多重的。学生不仅要学习符号，还要在符号与客观事物之间建立联系，既要了解符号表述的逻辑，还要透过符号去了解客观事物及其内部联系，既要认识符号及其表达的意义，又要掌握人类发现知识以及用符号表达发现的过程。这便带来学生学习的巨大困难。

学生的学习直接从人类认识结果开始，从概念、原理开始，这虽然保证了学生学习的高起点、目的性与教育性，但也容易导致忽视教学的真正目的，将知识传递本身当作目的，直接将知识"传输""平移"给学生，将教学作为知识的"输入"与"输出"。在这个意义上，强调"活动与体验"的教学机制便尤为重要。需要说明的是，学生的"活动""亲身经历"既不可能也不必要像人类最初发现（发明）知识那样，而是要典型地、简约地经历结构性的关键过程与关键内容。

例如，在学习"惯性"时，对学生而言，他们不可能经历漫长而曲折的研究过程去亲历认识惯性的形成过程，同时在还不具备独立探索能力的情况下，他们就需要直接面对教科书中关于惯性以及惯性定律的文字表述（如物体保持运动状态不变的属性叫作惯性；惯性代表了物体运动状态改变的难易程度；惯性的大小只与物体的质量有关；惯性定律是指任何物体在不受外力或受到一组平衡力时，总保持静止或匀速直线运动状态）。对于这时的学生而言，表述惯性及惯性定律的每一个文字符号他都认得，却难以理解这段文字表述的真正要义，这些文字对他来说并不是真正的学习对象，对教师来说也不是真正的教学内容。死记硬背这些文字表述无济于事，即使能够记得住、会做题，也不能真正理解它内在的道理，也不能把惯性及关于惯性的学习转化为自己理性健康成长的精神养分，换言之，这样的学习（教学）起不到促进学生自觉成长的作用。

深度学习则正是要使教学内容及关于教学内容的学习成为学生发展自己的养分与手段。为此，学生的学习就不能是独自面对静态的文字符号，而要在教师的带领下主动活动，通过听讲、实验、探索等方式去弄清这些文字所蕴含的原理。即学生要通过自己的主动活动，把文字结论及其隐含的意义变成自己的认识对象，变成自己成长的养分，变成自己成长的过程。

当然，学生的主动活动并不是自发的，而是依赖教师的引导、教师对教学内容及学生学习过程与方式精心设计的。学生主动活动的过程，也是其全身心地体验知识的丰富复杂内涵与意义的过程，也是生发丰富的内心体验、提升个人经验与精神境界的过程。在这样的过程中，学生能够在学习"硬知识"之外，体会到更深刻、更复杂的情感以及学科思想方法。例如，学生只有进入知识发现（发明）的过程，才能感同身受，体会到"日心说"发现者强烈的思想、情感，体会到所学内容在学科发展及人类发展历史中的重要价值，也才能体会到教学内容对于个人精神成长的意义。

学生的主动学习活动，伴随着与老师、同学的交流、沟通、合作等活动，如教师的启发、引领，实验活动中同学间的互助合作，课堂讨论中的相互启发，小组作业中的相互依赖与信任等。这些活动本身，也典型地再现知识发现（发明）过程中人与人的相互依赖、信任、竞争、合作。可以说，学习过程本身也是学生体验社会性情绪、情感，进行积极正向社会化的重要活动。

在深度学习中，教学是理智与情感共在的、鲜活的、有温度的活动。学生以全部的思想和精神去感受和体验学习活动的丰富复杂、细微精深，真切或模拟地去体验伴随活动而来的痛苦或欣喜的感觉经历。

3. 本质与变式——对学习对象进行深度加工

"本质与变式"回答的是如何处理学习内容（学习对象）才能够把握知识的本质从而实现迁移的问题。换言之，进行深度学习的学生能够抓住教学内容的本质属性，全面把握知识的内在联系，并能够由本质推出若干变式。

把握本质的过程，是去除非本质属性的干扰，分辨本质与非本质属性区别的过程，也是对学习内容进行深度加工的过程。这个过程，不是教师将事物本质的文字描述告诉学生的过程，而是学生主动去把握的过程：或是"质疑""探究"，或是"归纳""演绎"，或是"情境体验"等，总而言之，要使学生与正在学习的内容之间建立一种紧密的心灵联系。只有这样，事物的本质才会显现，事物也才会在学生面前展现出它最生动、最鲜活的风采。把握事物的本质，要求学生具备深刻而灵活的思维质量，而这种思维质量也正是在对学习对象进行深度加工、把握事物本质的过程中发展起来的。

把握事物的本质，是以简驭繁、削枝强干的前提，更是建构知识结构的前提。把握了事物的本质，便能于万千事实中把握根本，由博返约，头脑清明；把握了事物的本质，才能认识本质的多样表现、各种变化，才能举一反三、闻一知十。这里的"一"，便是本质，是关于事物的基本原理，是教学内容的核心。各门学科的基本概念、基本原理、基本法则等，便是这样的核心内容，如物理中的万有引力、化学中的氧化还原等。甚至汉字也有本质属性，掌握了汉字的本质属性，便可以"望字生义"了。

帮助学生把握知识的内在联系与本质，是教师的重要工作。为了帮助学生把握知识的本质，教师在教学中除提供学习内容的标准正例之外，还必须设计和提供丰富而又具有典型意义的非标准正例甚至反例。当然，反例的提供必须在学生很好地理解了正例之后，以免造成思想混乱。例如，为使学生把握"角"的本质，不仅要提供"锐角"（标准正例），还要提供"零度角""直角""钝角""平角""周角"（非标准正例），从而帮助学生全面把握"角"的本质含义，避免形成"角是尖尖的"这种片面认识。通过恰当而典型的例子来呈现教学内容，是教师的重要工作之一。这样的例子是教师根据知识的关键属性与学生的经验及认识水平进行配比后，对知识进行重组、加工的具体案例，它既典型地体现知识的关键特点，也蕴含着学生对之进行再加工的思考与操作方式。判断例子是否恰当而典型，就看其是否能与学生已有经验相接，能否帮助学生顺利进入教学情境，参与教学活动。

（三）深度学习的理论价值

深度学习的理论不是某一流派的理论演绎，而是历史上优秀教育理论成果及优秀教学实践经验的汇聚与提炼，是对学生学习与发展的现实探讨。深度学习的理论价值，不仅在于克服机械学习、浅层学习的弊端，让学生学得主动、积极；更重要的是，要克服长期以来的种种二元对立，使教师、学生、教学内容（知识）获得高度的统一，使教学内容（人类历史文化、人类认识成果）实现其本应有的价值，使教师、学生在教学中获得最大发展，使学生能够形成有助于未来持续发展的核心素养。

1. 深刻认识教学的根本目的

学生学习的最终目的并不是掌握已有的知识（虽然掌握知识是必要的途径），而是能够在将来进入社会历史实践、参与社会历史实践并创造美好的未来生活。为达到此目的，学生必须以主动的、明辨是非的、独立思考的方式，把人类已有的实践（认识）成果转化为自身将来参与社会历史实践的能量，成为有能力、有担当、有责任感的社会一员。

在深度学习这里，不是把知识（人类认识成果）平移、传输给学生，而是由教师带领学生进入知识发现发展的情境、过程，引导、帮助学生成为知识发现的参与者而不是旁观者。换言之，学生并不静待接受知识，而是主动"进入"知识发现发展的过程，"亲身"经历知识的"（再）形成"和"（再）发展"过程。因此，学习的过程，不仅仅是学习知识，更不止于学习知识，甚至学习知识本身只是手段，目的在于使学生能够作为主体"参与"（虽然只是简约地、模拟地参与）人类的伟大历史实践，了解并认同知识背后所蕴含的情感态度与价值观，提升学生的文化水平与精神境界，使其成为具有高级社会性情感，有正确的价值观，有社会责任感，勇于担当的未来社会的主人。

在深度学习中，学生是学习的主体，教师是引导者而非学生学习的替代者，教学内容不是只需学生记忆的、静态的、客观的知识，而是需要学生全身心投入去理解、领会、评判、体验感受，才能"活"起来、"动"起来的知识。在教师的引导下，学生不仅能够掌握知识的（文字）符号表达以及（文字）符号表述的逻辑，还能够理解文字符号所传达的内容与意义，即能够对教学内容进行深度加工。

深度学习就是要引导学生透过符号去感受理解符号背后的内容与意义，去理解知识最初发现时人们面临的问题，解决问题的思路，采用的思维方式、思考过程，理解知识发现者可能有的情感，判断、评价知识的价值。只有经历这样的过程，知识才可能通过学生的主动操作活化为学生的精神力量，转化为学生认识世界的方式，学习的过程才能成为学生成长发展的过程。

总而言之，深度学习的意义在于，通过学习让学生"参与"人类已有的社会实践，使得人类历史与学生息息相关，使学生成为能够在历史中展望未来、创造未来的社会实践主体。

2. 重新认识教学目标的价值

教学目标是教学活动的出发点和归宿，是教学活动的"核心"。没有教学目标，教学活动就没有了得以开展的依据，也没有了考查品质的依据。因此，教师都知道教学目标是不可少的，但是，在一节课中，教学目标究竟应该是什么，教学目标与教学内容、教学活动之间的关系究竟是怎样的，又很难说得明白、清晰。

关于教学目标，年轻的教师经常会有以下错误理解：①将教学内容当成教学目标，而不是把学生学习了这个内容之后获得的发展当作目标；②将那些要求学生获得的一般性发展当作教学目标，既不说明创新思维的更具体的指标，也不说明究竟通过怎样的内容和活动能够达到这些目标；③将教师在课堂上的活动当作教学目标，而没有说明学生应该做什么，能够获得什么发展。

换言之，教师对教学目标的认识是割裂的，没有把教学内容、学生的发展以及教师的活动统一起来。深度学习的实验与实践，就是要引导教师将这三者有机统一起来，制定真正能够帮助学生实现发展的教学目标。作为学生学习的引路人，教师在制定教学目标时，必须知道学生有怎样的基础与条件，知道教学内容能够培养学生的哪些素养，知道要达到这些目标需要哪些活动来转化，知道设计怎样的活动能够让学生以主体的方式去展开深度学习等。换言之，教学目标不是教师主观制定的，而是对学生、教学内容以及活动的关联结果的表述；教学目标不是摆在那里作为教学设计的一部分，而是要真正作为引导教学活动，实施持续教学评价的依据来发挥作用的。

当然，教学活动还存在不少难以预测的结果，这些结果虽不在预期的目标中，但却作为结果存在，这恰恰是人类活动的魅力所在。作为自觉教学活动的引导者，教师的重要作用之一，就是带领学生追求那些健康向上、积极正向的结果，并努力消除可能有的负面结果。

3. 重新认识教学内容的意义

深度学习的一个重要标志，就是能将外在的教学内容转化为学生内在的精神力量，但教学内容并不能直接转化为学生的精神力量，必先转化为学生能够进行思维操作和加工的教学材料，成为学生学习的对象。所谓"教学材料"，是指由教师提供的、蕴含教学意图的、能够通达教学内容的符号或实体性材料，如用于表述知识的符号以及教具、音像制品和教师的板书、示意图等具体的物质实体。教学材料既是人类认识成果的具象化，内在地蕴含着知识、思想、情感态度与价值观，同时也包含着教师为学生的学习活动而设计的活动方式路径以及过程、环节，是教师对学生素养形成的自觉规划与引领。换言之，教学材料所蕴含的不只有通常所说的"干货"（知识），也有让"干货"得以泡发的情境、情感、情绪、价值观、思想过程、思维方式等。这样的教学材料，才是学生在教学中能够操作、思考、学习的对象，学生通过操作、思考和学习，全面把握并内化知识的核心本质。

（四）深度学习的社会必要性

目前，政治经济、文化、科技快速发展，未来社会变得越来越无法确定，不可预知。如何让现在的孩子适应未来的世界，是世界各国教育共同面临的巨大挑战。

1. 深度学习是全面深化课程改革、落实核心素养的重要路径

（1）现实响应——基础教育课程改革深化的必然选择。新课程改革传播了先进的教育理念，积极推进了人才培养模式变革，一些学校主动开创新的教学方式，教师的教学观念和行为也随之悄然变化。

然而，不容小觑的是，当改革目标和任务必须全面依赖校长和教师的行为进行系统转化，最终落实在学校办学和课堂教学之中时，改革的异化现象相伴而生。改革目标和任务在实践中的异化，一方面反映了改革目标与任务落实的难度之大；另一方面也直接反映了课程实施推进中对校长和教师的专业指导和支持力度的薄弱。项目前期调研发现，来自教师的问题与困惑基本集中在教学领域，如"如何调整教学方式""教学目标与教学内容、教学方式之间有怎样的内在联系""如何分层才能促进学生差异发展""如何提高课堂效率，既开阔学生视野又提升学生学科素养"。

对于这些问题，一方面要在理论上进行科学解读，引导校长和教师准确理解：教不等于学，所有有深度的教学都必须建立在促进学生有深度的学习的基础上。要让教师科学认知教与学的过程，明确教学过程的核心要素和关键环节及其基本定位。另一方面也要给校长和教师提供教学实践的操作模型，为教师提供教学设计的基本方法和策略，帮助教师思考：什么样的学习内容更有价值——"让学生学什么"；什么样的学习目标更有意义——"学生应学会什么"；什么样的学习方式更有利于学习目标的实现——"怎么学"；什么样的方式能更好地检验学习效果——"怎么评"。

深度学习教学改进项目致力于清晰回答教学系统中这些基本问题，为教师提供思考教学问题的基本思想方法，研究、建立教学改革实践模型，形成教师探索教学改革的"脚手架"，努力落实基础教育课程改革的目标和任务，切实促进学生深度学习和持久发展。

（2）时代先声——"基于核心素养"教学改革的实现机制。从根本上讲，学生发展核心素养是教育方针的具体化和细化，是对培养目标的整体描述，与课程、教材、教学有着内在的必然联系。换言之，课程、教材、教学是落实中国学生发展核心素养的主要载体。因此，在修订各学科课程标准的过程中，要充分挖掘每一门学科课程独特的育人价值，充分阐释其对于学生核心素养培育的独特意义，基于学科本质将课程目标进一步凝练为学科核心素养，即学生修习学科课程后应达成的正确价值观念、必备品格和关键能力。

因此，教师必须能够清晰把握本学科对于学生发展的独特价值和贡献，以明确教学的终极目标；必须准确认知本学科的体系结构、学科思想方法、学科大观念和核心概念，以选择和确定教学的内容载体；必须熟练掌握有利于学生核心素养培养的独特途径和方法，以确立适宜的教学过程与方法。当然，教师还需要掌握基本的评价方法和手段，以便开展恰当的教学评价，回馈教学效果，进而帮助教师自己检视和反思教学目标的确定、教学内容的选择、教学过程的设计等各个环节。总而言之，基于学科核心素养培育的教学改革对于教师的挑战是全方位的，检验着教师对学生的理解以及对学科知识、教学知识的掌握程度和运用能力。

以核心素养为课程目标的新表述，也必然需要新的教学理念来实施和落实。深度学习教学改进项目的核心理念和价值追求，深度契合以核心素养为目标的课程理念，立足于推动以学生学习为中心、以学生核心素养培育为目标的教学改革，着力研究解决当前我国在课堂教学中存在的重点和难点问题，全面应对深化课程改革进程中教学改革的实际挑战，整体提高课堂教学的质量和水平。

2. 深度学习是信息时代教学变革的必然选择

深度学习的实施推进，是时代发展的必然需求，是教育的主动应对。

（1）与机器共舞——呼唤新阶段的创造者。今日世界之复杂、变化之迅捷，已远超我们的想象，看似遥不可及的未来正在变得触手可及。人类已经跨入第四次工业改革时代，信息爆炸、大裂变式的脑力增长正以全新的、强有力且令人惊诧的方式，挑战和重塑着我们的社会根基，甚至重组了我们的大脑，改变着我们的生活、工作和学习方式。它不仅会给人类生活带来巨变，更会引发人类生存方式和社会行业结构的转变，从而使得对未来人才素养的需求也随之发生改变。

全球教育体系都正在和将要被技术主宰的全球经济形势改变，对未来人才的素养提出了新需求，也对教育提出了新挑战。如何让孩子未来不会被人工智能所取代，是学校教育当前亟待思考和努力解决的问题。为响应时代需求，近年来深度学习研究迅速兴盛。其主要原因有两个方面：一方面是数字时代需要人才的素养与以往要求有着极大的不同；另一方面则是技术的发展在教育中的应用和支持，为深度学习的发展、推进提供了可能，有效提高了学生学习和协作的质量、广度和深度。例如，学生正在使用像微博、微信这样的社交媒介平台来发现新知识和发表新观念，通过创造知识来学习。

信息技术与互联网真正的教育转换，在于信息技术创造了学习的自由以及参与到全球事务的自由中，这在十几年前是不可能存在的。为此，以强调积极参与式学习以及理解、迁移应用和创造性解决问题的深度学习，成为技术驱动世界必要的学习技能，它需要有新的教学理论和方法来支撑和践行。

（3）教育应对——走向深度学习。我们正处在人类历史的关键转折点上，面对新技术时代的挑战，为了满足现代社会对劳动力的需求，需重新思考学校的功能并培养学生未来生存所需的技能。在此背景下，人们不约而同地提出了"深度学习"。面对挑战，我国教育的任务是为培养具有中国学生发展核心素养的创新人才而努力。这样的人应具备创新能力、协作交流能力、批判性思考和解决真实问题的能力、社会责任感和家国情怀等必备品格与关键能力，而国家竞争力也有赖于教育是否做好了培养这样人才的准备。为此，教育部提出并推进"深度学习"教学改进项目，该项目对深度学习的理解，既汲取了国外相关研究的优势，又不同于国外研究仅局限于认知和机器学习层面，而是将其定位在促进中国学生面向未来所需的必备品格和关键能力的发展上。

二、高中生物深度学习的现状

（一）高中生物深度学习的现实特征

1. 保持学习过程中的创新性与批判性

生物科学要想不断进步离不开研究人员的质疑，通过深入探究发现获取新的结论。学生在学习期间能够勇敢向教科书、教师及一切权威质疑，保持自身的见解并勇敢地表达自己的想法，而不是被动地接受教师的知识传授，这种打破常规的生物学习方式可帮助学生以各种方法从多角度对问题进行分析解决。

2. 重视学科间的内在联系

所有的学科相互间都可借助某种介质相互联系，例如，数学概率中的问题通过高中生物遗传题的解法可得到解决，生物实验试剂和配置原理之间的相互反应原理均会与化学知识相关联。熟练掌握各个学科的知识能够对高中生物学习起到极为有利的辅助作用。

3. 将生命教育渗透于生物教学中

除了给学生传授生物知识外，高中生物教学还要重视该学科的育人价值，帮助学生掌握生物知识的同时树立正确的三观。例如，学习人教版高中生物转基因食品的安全性时，生物教师可为学生设计辩论会，让他们通过相互辩论对知识背后蕴含的生命伦理道德深入了解，通过辩论思考展开深度学习，可使他们的价值观和情感态度得到有效培养。

4. 实验能力与科学方法的培养训练

高中生展开深度学习的另一重要特征是有效结合理论与实践。"高中生物教师在讲授理论课时应当重视对学生的科研方法及素养进行培养，促进他们展开深度学习，不断将科研精神渗透其中"[1]。实验课讲授则要重视开拓学生对科学方法和实验能力的掌握。例如，生物教师可将演绎推理的方法在孟德尔豌豆杂交实验步骤中不断渗透，这样既帮助学生掌握了科研方法，同时也激发了他们对科研的崇敬和热爱之情。

5. 重视生物知识的整体性与关联性

分散于各个章节中的高中生物知识依然是一个整体，各种知识相互间存在很强的整体性和关联性。但当前多数高中生单纯为了应付考试而死记硬背，没有掌握知识间的相互联系，导致他们很容易遗忘所学的生物知识。例如，细胞内物质运输方式和细胞器知识的相关内容会在细胞产生分泌蛋白的过程中相互联系。由此可见高中生物深度学习重要的特征

---

[1] 顾丽洁：《基于深度学习理念的高中生物教学策略》[J]，《高考》，2021年第33卷，第71页。

之一在于学生需要联系各个章节散乱复杂的生物知识并融会贯通，通过举一反三能够综合运用所学知识将问题灵活解决。

（二）高中生物深度学习存在的问题

第一，高中生缺乏探究精神。不少高中生物教师受到应试教育的影响，忽视了学生学习生物的兴趣和探究精神的培养，一味地注重以灌输方式将生物知识传授给学生，然后让他们死板地回答相关问题。这种教学方式导致高中生不会主动思考所学的生物知识，而是按部就班被动地接受教师的知识传授。同时很多高中生物教师在实际教学过程中没有重视生物实验教学的重要性，学生对实验细节了解不足，导致无法提升自身的探究和动手能力。

第二，单一的教学形式。课堂教学应当以丰富的形式开展，教师应当为学生营造浓厚的学习氛围和良好的学习环境。但很多教师在实际教学过程中只是为了应付课改而改变，过于形式化的课堂教学活动依然无法真正达到新课标的目标。一些生物教师不愿意进行教学改革而依然沿用传统教学方式，种种情况导致高中生物课堂依然保持单一的教学形式。

第三，生物教师自身能力需要提高。教师自身教学能力的高低会使课堂教学效率受到极大影响，当前高中生物教师的科学素养依然存在诸多不足，对提升高中生物课堂教学效果和质量十分不利。虽然当前某些教师在新课改实施后能够认识到自身教学水平不足，愿意主动改革将自己的教学水平提高，但受到各种因素的影响，依然无法有效提高整体高中生物教学的质量。

第三节　基于信息化发展学生生物学学科核心素养

信息技术手段非常多，教师应该根据自己学校的实际情况以及教学内容、学生特点等灵活选择和混合使用合适的信息技术手段，以利于发挥学生的自主性，扩展学生视野，激发学生学习热情，提高课堂教学的有效性。

一、生物学学科核心素养——翻转课堂

翻转课堂最初源于美国，也可以称作"反转课堂"。"先学后教、以学生的学定教师的教"这是翻转教学的核心思想，它所蕴含的核心教育观念是"学生的先学后交流、教师解难答疑"，个别辅导代替了原有的"教师教授"。国内许多教育工作者也逐渐认识到翻转课堂理念的价值，并不断将其纳入教学研究中。翻转课堂就是在课前学生利用教师发布

的网络数字材料（包括音视频、电子教材等）自主进行教学内容的学习，在课堂上则参与同学间以及与老师的交流互动，包括解难答疑、合作探究等，在此基础上完成课堂教学任务。这种教学模式在学生全面发展的基础上，进一步发挥了教师的主导作用，真正实现了把课堂还给学生，让学生在轻松愉快的氛围里学习知识和提高能力。

微课是翻转课堂的主要载体，它主要是以微视频的形式在课前将所要学习的内容呈现给学生，而微视频的设计、开发与运用为翻转课堂的实施提供了理论与实践平台。微课网中已有大量的国内外高中生物学讲解视频和相关纪录片，优秀微视频的利用和借鉴能让翻转课堂更加生动、形式多样、内容丰富、趣味性更强。教师也可以自己制作微视频，常见的微视频录制可以分为录屏类微视频和录像类微视频。绝大部分微课视频采用课件录屏法来制作，例如，直接利用演示文档（PPT）课件的录制功能进行录制带有音频的课件，或者借助录屏软件将课件播放过程结合制作者语音讲解进行录制。录像类微视频可以直接录像，也可用交互式电子白板录制微视频。概括而言，微课的作用主要有以下三点：一是用来在课前观看，是学生进行自主学习的载体；把知识分层，将较简单的知识让学生在课前解决。二是用来在课堂上进行讨论，较难的知识在课堂上通过师生交流解决，这会在学生理解概念时起到提示作用并促进学生进行思考，也可以避免教师的重复讲解。三是用于学生课后作业和学习任务的安排，学生在课后仍可以继续观看微视频，把那些混乱的、模糊的知识点进一步吸收、内化，直至完全掌握。

在教学准备阶段，教师需要对主要课堂教学活动进行设计。教学设计主要是在对教学目标、教学内容、教学对象进行分析的基础上，对课程内容进行制作，并对教学活动进行设计。课堂教学阶段的主要任务是师生共同解决自学时的困惑，并让学生将课前自主学习到的知识运用到实际的问题解决当中去，通过合作探究与交流互动感受知识运用的过程并实现内化。其中课堂活动是要求重视知识、技能，是师生之间在交流互动中内化技能并进行知识创新的过程。课前的教学视频固然很重要，但更为重要的是教师该如何去安排支配较之传统课堂上更多的课堂时间。一般而言，翻转课堂的课堂活动设计大致包括：学生自学情况反馈、小组内合作探究、教师释疑拓展、成果展示以及反馈评价。

在整个课堂教学完成之后，教师要进一步对教学方法以及教学效果进行评估和反思，可以结合学生学习兴趣的提高程度、课堂知识的掌握情况以及科学能力的发展水平来进行综合反思评价。在反思的基础上进一步对翻转课堂教学进行研修学习，以便提高自己的专业能力。

（一）基于翻转课堂发展学生生物学学科核心素养的要点

1. 提供适当的学习资源，助力教学重难点突破

在翻转课堂上，学生从传统的书本预习转变为观看教学视频或是网络文档。从这点来讲，翻转课堂的教学模式不仅是教学手段方面的改进，更重要的是将课堂教学活动延伸到课外甚至是校外，在某种程度上可以避免学生学习科学知识的局限性。信息技术等虚拟的学习空间可以提供给学生更多更广的学习素材。

另外，翻转课堂中选择的微视频可以是一个由教师讲解的完整的知识体系，也可以是章节里某几个重难点的讲解视频，这要根据学习内容来进行设计。例如，在"降低化学反应活化能的酶"这一节里，知识比较零碎，重难点也比较多，需要从各个知识点出发给学生配备多个小视频来进行重难点的各个击破，包括过氧化氢酶在不同条件下的分解实验、活化能的概念、酶的作用条件几个小视频，每个视频简短明了且重点突出，直观形象地将所要掌握的内容呈现出来。

2. 引导学生的讨论与交流，重视思维训练品质

科学思维要求学生通过生物学课程和其他的学习活动，能运用归纳、演绎、模型与建模等方法探讨生命现象，审视或论证生物学社会性议题；能够将科学思维作为一种可以带到每一节理科课堂并可延伸到日常生活的习惯。由于学生的理解是建立在科学思维之上的，因此，促进学生科学思维能力的发展是非常重要的教育目标。

翻转课堂能激发学生主动学习的潜能，将枯燥的知识学习转变为有趣的课堂活动，并能在活动中进一步提升学生建模思维、批判性思维等科学思维能力。而在这一交流互动过程中，教师在知识与技能方面也能很好地得以提升，真正实现教学相长。

翻转课堂教学将班级这样一个群体的学习空间变为一个动态的、互动的场所，在这里学生们通过思考讨论和交流互动将理论应用于解决实际问题，而教师的角色则主要是指导者。这种角色的变化更能有效地训练学生科学思维。例如，在设计"DNA 分子的结构"这节翻转课堂时，教师可在课前教学视频中描述 DNA 结构探究科学史，提升学生探索自然的兴趣，促进其学习；在课上开展 DNA 分子模型制作比赛，通过模型制作和成果互评使学生完成对DNA 分子结构的探究。教师可从以下三个方面指导学生自评和互评：一是 DNA 模型两条单链正反方向是否正确；二是 DNA 模型上每个脱氧核苷酸单位是否都为脱氧核糖与磷酸基团在外、碱基在内；三是碱基互补配对是否遵照 A 与 T 配对、C 与 G 配对原则。

3. 提倡学生自主合作学习，发展科学探究能力

在翻转课堂中，探究性活动主题的拟定者、指导者和参与者是教师，活动方案的研究

者、设计者和实施者是学生。学生一方面可充分发挥小组团队优势，收集相关资料，制订出最具可行性的探究方案并实施；另一方面，通过主动参与、探究发现以及交流合作，使学生的多元智能能够得到充分开发。因为翻转课堂创设的探究性学习情境更易于调动学生学习的主观能动性，能为学生彼此思想碰撞和共同进步提供有利条件，兴趣驱使其自主学习并乐于分享学习成果，学生在翻转课堂中各取所需。例如，在"探究植物细胞吸水和失水"教学片段中，通过汇报实验设计方案，锻炼了学生设计探究实验的能力，同时表达能力也得到了很好的提升，学生能运用自学的知识设计实验，说明已顺利掌握相关概念；对实验结果的讨论充分锻炼了学生分析问题和解决问题的能力，加深对科学探究实验的理解。

此外，学生在课前学习一些理论知识，这样在课堂上就有时间多进行操作，也能通过网络和视频教学增加对最新科研成果的学习，从而真正优化学生的学习效果，获得生物科学和技术的基础知识。例如，在"孟德尔豌豆杂交实验（一）"的教学过程中，教师可利用教学视频为学生进行详细的实验分解，并根据假说—演绎法，层层推进，让学生对实验中"为什么选择豌豆作为实验对象""生物遗传是由什么决定的""一对相似性状的亲本杂交会产生哪些情况""生物性状分离的规律"等问题进行思考，增强进一步课堂探究的欲望。

4. 关注提升与总结，有效实现知识迁移与拓展

翻转课堂有助于学生了解科学、技术与社会、环境的相互关系，重视科学技术在社会生产、生活环境和社会发展中的应用。例如，选择性必修 3 列出了"果酒和果醋的制作"这一内容，在学生通过课前视频自学果酒和果醋制作原理和步骤的前提下，教师进行课堂教学时可引导学生进行果酒和果醋制备的探究，之后由小组形成实验方案并实施果酒和果醋的制作，最后通过互评和师评完成教学反馈。这一过程，让学生复习巩固了知识，更帮助学生理解了 STSE 理念的内涵，在具体的真实情境中，引导学生利用所学的知识更综合全面地思考与分析社会生产、生活问题。

翻转课堂的实施使传统课堂中师生的探究性活动得到充分开展，让学生有更多的交流机会，可以更好地锻炼学生养成用生物学思维看待问题、解决问题的习惯，帮助学生将生物学知识、技术与社会、环境紧密关联，实现了生物学教育的一个重要延伸价值——培养创新人才。为更好地帮助学生建构概念，深化理解，必要的提炼与总结是至关重要的。例如，在"生态系统的稳定性"教学片段中，教师通过翻转课堂，让学生在课前学习基础知识，小组合作研究课题，在课堂上进行成果展示及讨论解决措施，体会科学对生产生活的影响，形成社会责任意识，让学生在获得知识的同时，通过课题研究学以致用，理论联系实际，提高问题解决能力。

（二）基于翻转课堂发展学生生物学学科核心素养的方法

"先学后教""自主学习"是翻转课堂的主要实施策略，实施翻转课堂的关键是教师的"导"和学生的"学"。教师需要做好大量准备工作，如设计导学案、任务清单、实验操作流程、课题列表、资源库建设，需要对学生的学法进行有效指导，如利用模型进行学习，开展实验研究，开展调整访谈，利用网络资源等。课前的"学"是为了更高效的课堂教学，课堂教学要充分利用课前学习成果，引导学生交流课前学习的成果，教师要及时提炼、归纳所学内容，帮助学生形成概念。通过自主学习，在概念理解和运用的基础上，培养学生生命观念、科学思维、科学探究、社会责任等生物学学科核心素养。翻转课堂在我国大部分地区和学校实施还是有许多局限性的，如班级规模过大、电子信息技术平台不够完善、学生完全寄宿导致课外自由时间不足等，这些都会阻碍翻转课堂在我国高中生物学课堂中的实施。作为教育工作者，如何克服这些困难，探究合适的翻转教学模式是值得探讨的问题。

二、生物学学科核心素养——虚拟实验

无法开设实验会严重影响教师的教学活动，减少学生全面学习生物学知识的方法和途径，而虚拟实验的出现可以较好地解决以上问题。一方面，虚拟实验可以解决某些学校由于实验条件简陋、实验材料昂贵、实验过程危险等无法开设实验的问题；另一方面，对于有条件开设实验的学校也可以利用虚拟实验使学生熟悉实验过程和需要注意的事项，提高学生的实验操作能力，保障成功完成真实实验。对于一些科学史上的经典实验，如伞藻嫁接实验和伞藻核移植实验等，也可以通过虚拟实验更加直观地展示给学生，突破教学难点。

（一）基于虚拟实验发展学生生物学学科核心素养的要点

1. 合理运用虚拟实验，拓展生物实验教学

近年来，虚拟实验开始被一些学校和教师应用于生物学教学领域，并取得了良好的教学效果。在虚拟实验中，实验器具和材料都是对真实器具和材料的高度仿真，通过鼠标对仿真的实验材料进行模拟操作，呈现出虚拟的实验过程，最后产生相应的实验结果。例如，在"多聚酶链式反应扩增 DNA 片段"教学中，教师通过虚拟实验将 DNA 的结构、PCR 的过程等直观地展现在学生面前，有助于学生将新知识建立在已有知识的基础上，更好地理解 DNA 的结构与复制的关系。

在传统的实验教学中，由于受到一定条件的限制，如学校实验条件简陋、实验器材短

缺、实验过程危险、实验课课时不足、缺乏专门的实验教师等，很多学校的生物学实验课不能满足学生的兴趣需求，开设情况不够理想，最终很难达到预期的教学目标。而虚拟实验教学能够克服传统实验教学的不足，更好地为教学服务。例如，在"基因工程的基本操作程序"这一教学内容中，教师可以利用虚拟实验将基因工程的基本操作直观地演示给学生，加深学生对"剪切""拼接"等过程的理解，从而突破教学重难点。

高中生物学中的实验要求学生在教师的指导下自主完成。实验教学能够有效地培养学生的动手实践能力和操作能力，促进学生在掌握生物学原理和操作技能的基础上，更加全面地认识和学习生物科学。虚拟实验可将抽象的理论和复杂的过程具体化、形象化，较好地突破教学重难点，更有利于发展学生的科学探究能力和合作能力。例如，"细胞核是系统的控制中心"这一节教学内容中，伞藻核移植实验部分教师可以先让学生小组设计实验方案，之后再利用虚拟实验进行展示。这样的安排有助于培养学生设计实验方案和交流与讨论的能力。

实验操作技术是实验教学的重难点，但在传统实验中，往往学生难以掌握。让学生提前通过虚拟实验了解实验过程和注意事项，然后再去实验室进行真实实验操作，这样的处理可以提升学生对实验的认识和了解程度。例如，在脂肪的检测和观察实验中，老师在实验台示范花生切片技巧，学生很难观察到动作细节，尤其是后排学生，常常导致学生制作的花生切片太厚，普遍不能观察到预期的实验现象。虚拟实验可以放大实验操作的细节并结合文字讲解，这样学生可以全方位观察到制作切片的要领，然后再利用真实材料进行练习，这样可以提高该实验的成功率。

2. 科学运用虚拟实验能有效训练科学思维

生物学是一门以实验为基础的学科，虚拟实验应用于生物学教学对教师的教学方式和学生的学习方式都产生了巨大影响。虚拟实验可以解决传统实验无法突破的难题，为高中生物学实验教学开发了一种新的教学模式和手段。

高中阶段学生的思维已经发展到较高水平，自主学习能力也较强，对实验课的热情很高。但是学生注意力难以集中，对于抽象的物质变化理解困难。虚拟实验的开展能够突破传统实验的时间限制，让学生自由地进行操作，同时还可以对学生们的实验操作情况进行监测评价，掌握学生的薄弱处和失误区，有助于教师有针对性地进行指导。在虚拟实验中，学生要掌握实验的上一个操作步骤，才能进入下一个步骤的学习。这样的学习方式会让学生产生一种游戏感，最大限度地激发学生的求知欲，使学生在愉快的氛围中掌握知识和技能，探索生命现象和规律。例如，在"绿叶中色素的提取和分离实验"中，操作步骤和需要注意的事项较多，教师就可以利用虚拟实验让学生熟悉实验流程。虚拟实验中每一步的讲解都设置相应的问题供学生思考，如实验材料如何选择，为什么不能用清水提取色素等，让学生不仅知道怎样做，还知道为什么这样做，如何做更好，以此培养学生的实验技能。

3. 巧妙运用虚拟实验，增强学生探究体验

生物科学史上许多的经典实验，教材并未对实验过程作详细介绍，单凭教师的讲解，无法充分发挥这些经典实验对学生学习的促进作用，也不能让学生真切地感受到科学探索的过程。利用虚拟实验对科学史上的经典实验进行重现就是一种创新的教学方法。在"细胞核是系统的控制中心"教学中，伞藻嫁接和伞藻核移植虚拟实验的利用，可以让学生体会到科学研究的价值。

虚拟实验的使用不拘一格，可根据教学目标的不同，展示实验的全过程或者有针对性地重点展示其中的几个步骤。在实际教学中教师要根据具体情况决定采用的虚拟实验的数量，有时候一堂课的教学当中可能会用到多个虚拟实验。例如，在"DNA 是主要的遗传物质"教学中，多个经典实验均可利用虚拟实验展现给学生，同时可以结合相关的史料让学生体会到科学研究的艰辛与趣味。实验方案可以让学生先小组讨论制订，最后再让学生将自己的方案和科学家的方案进行比较，通过反思自己方案的不足，认识到科学家独特的思维方式。教师还可以在此过程中适时对学生进行情感教育和励志教育，引导学生树立崇高的理想，立志做有责任、有担当的人。

（二）基于虚拟实验发展学生生物学学科核心素养的方法

发展学生核心素养的主要途径之一是培养学生的科学探究能力。科学探究强调的是学习方式和研究方式，同时也是学习科学知识、发展科学思维、形成科学态度和精神的重要过程。科学探究是一种综合的能力，其本质是提出问题和解决问题，其核心内涵包括探究的问题、方法、过程、结果和交流，科学探究还包括科学态度和精神。创设实验情境是进行科学探究的主要内容，无法创设真实实验情境时，我们可以通过虚拟实验情境进行科学探究。通过虚拟实验平台，可以预习和复习实验原理、实验用品、实验步骤和实验的注意事项，可以实现实验的仿真操作，系统将对实验给予即时的评价，对实验的问题给予释疑解惑。具体教学中，教师在运用虚拟策略时应坚持做到以下方面：

第一，情境虚拟，模型严谨。虚拟实验是对真实实验的补充，是实验教学的进步。但教师在设计虚拟实验时，务必要把握好虚拟实验与真实实验的类比关系，建立严谨的思维模型，让学生清楚认识到虚拟实验要表达的真实的生物学事实，从而借助虚拟实验，形成正确的生物学概念，而不能误导学生，产生认知误区。例如，PCR 动画过程中引物的结合位置设计在 DNA 的两端就会误导学生，其实引物大多不是结合在 DNA 最边缘。

第二，谨慎运用，扬长避短。虚拟实验是用多媒体的手段对真实实验进行再现或模拟，让无法真实展示或很难成功的实验得以虚拟呈现。随着数字化技术的不断发展，虚拟实验仿真性越来越高，在实验教学中的作用也更加显著。但虚拟实验也是双刃剑，过于依赖会适得其反。不能因为虚拟实验技术的发展而忽视真实实验，只有通过真实实验，才能逐步提高学生的动手操作能力。

第三，虚实结合，落实评价。虚拟实验应当与学生真实的学习过程相融合，与教学策略完美结合，在教学的哪个知识点、哪个环节运用能取得最好的效果，能最真实地表达原型实验的原理、方法、现象，需要我们在理解课标理念、理解教学目标的前提下深入思考。在实验结束后，教师要通过针对性强的测试，检测学生学习的改善程度和学习目标的达成程度，从学生评价结果评估哪些实验内容适合虚拟实验、选择的技术制作是否合适？如何找准技术与课程的结合点，让虚拟实验助推实验教学，让实验评价促进虚拟实验的优化和完善。

第四，发掘潜力，应对挑战。虚拟实验在中学生物学教学中蕴藏着巨大潜力，其验证性、仿真性和交互式的实验教学模式是教学改革一直努力的方向，是课程发展的新趋势。虚拟实验开放式的实验模式赋予了学生更大的自由选择空间，最大限度地保障学生的实验兴趣，加深对所学知识的理解，减少对传统课堂计划的冲击。面对虚拟实验带来的挑战，我们要积极采取应对措施，如优选实验内容、优化实验教学安排、完善开放式实验教学设计、有效进行实验教学指导、构建起完整的一体化实验教学体系等。这些是我们生物学教师与技术人员下一个共同努力的目标。

三、生物学学科核心素养——未来教室

培养学生的生物学学科核心素养，教师需要关注学生获得的持久能力和品格，让学生在高中阶段树立正确的生命观念，用科学思维来进行科学探究，用科学探究的方法发现社会问题、解决社会问题，并勇于承担社会责任。

随着信息技术的快速发展和教育理论的进步，世界各国越来越多地倡导信息、通信、技术与教室的深度融合，以构建全新的学习环境来提高学习质量和效率。多媒体教室及其装备将向全数字化、虚拟化的智慧教室方向发展，其特征主要体现为交互性、网络化、虚拟化、智能化等方面。交互性指从简单的幻灯片演示加传统黑板的教学模式，向全新的数字化白板、教师与数字化资源的丰富互动、学生与数字化资源的互动、师生的课堂网络化互动方向发展；网络化则指从传统的局部课堂教学，逐步转变为经由固网、移动网延伸到教室和学校以外，将学习活动全面渗透到学校、户外和家庭的每个角落；虚拟化指应用虚拟现实、计算机视觉、图像处理等先进技术，建立真实的沉浸式虚拟学习环境，构建虚拟

教室、智慧教室等；智能化则指在智慧教室的设计和建设中，引入越来越多的面向教育领域专门研发的智能技术和装备，从而为学习者营造更丰富、更有趣、更便捷、更高效的学习环境。

在传感技术、网络技术、富媒体技术及人工智能技术充分发展的信息时代，教室环境应是一种能优化教学内容呈现、便利学习资源获取、促进课堂交互开展，具有情境感知和环境管理功能的新型教室，这种教室被称为未来教室（或智慧教室）。未来教室是一种典型的智慧学习环境的物化，是多媒体和网络教室的高端形态。未来教室的智慧性涉及教学内容的优化呈现、学习资源的便利性获取、课堂教学的深度互动、情境感知与检测、教室布局等多个方面的内容。

（一）基于未来教室发展学生生物学学科核心素养的要点

1. 运用未来教室拓展学生的视野

未来教室不仅是教学手段方面的改进，更重要的是将片面的课堂教学活动延伸至课外甚至是校外，在某种程度上可以避免学生学习科学知识的局限性。运用信息技术等创设虚拟的学习空间可以提供给学生更多、更广的学习素材，可以给学生提供大量的生活生产实例。在"孟德尔的豌豆杂交实验（一）"教学中，学生在老师的引导下，通过小组合作、查阅资料、展示成果，在师生互动、生生互动中逐渐完成对基因分离定律的认识，并在此过程中逐步理解相关生物学概念及概念之间的关系，从而用生命观念认识生命世界，解释生命现象。在"细胞膜的结构和功能"教学中，课前通过学生上网收集科学史实，课堂上引导学生分析细胞膜结构的探索历程，对科学史进行分析、讨论、推理、总结，这有利于学生生命观念的形成。

2. 运用未来教室来培养科学思维

学生的理解是建立在科学思维之上的。未来教室更能激发学生主动学习的兴趣，将枯燥的知识学习转变为有趣的课堂活动，并能在活动中进一步提升学生建模思维、批判性思维等科学思维能力。在"孟德尔的豌豆杂交实验（一）"教学中，学生的理解是建立在科学思维之上的，遗传图解的书写用于训练科学思维和提升科学探究能力。学生通过小组合作，将学习成果拍照上传至云端评比或展示，还可以各小组互评，极大地调动了学生思维的积极性。在"细胞膜的结构和功能"教学片段中，引导学生分析细胞膜结构的探索历程，观察细胞膜亚显微结构图，归纳总结出流动镶嵌模型内容，有效训练学生的科学思维。

3. 未来教室的交互性利于个性化学习

自主探究的学习方式，让学生不再是被动地接受知识，而是主动参与到思维形成的整个过程中，促进了学生科学探究能力的发展；学生在探究中，乐于并善于团队合作，勇于创新。在"孟德尔的豌豆杂交实验（一）"教学中，教师让小组合作学习一对相对性状杂交实验，讨论完请各小组派代表简要叙述该实验的过程与结果以及在这个过程中遇到的困惑。解释一对相对性状杂交实验，书写遗传图解，检索测交相关内容的任务……让学生通过自学，逐步认识到科学方法：假说—演绎法。在"细胞膜的结构和功能"教学中，教师给大量的时间让学生自己搜索资料或是教师课堂上推送资料给学生，小组合作分析资料，既是对教材内容的补充，更能培养学生科学探究能力。

未来教室给予分层分类教学和学生个性化学习的内容、灵活的时间、开放的空间，提倡学生合作学习，进一步加强协作能力。现代生物科学技术让学生看到了先进的技术给人类生活和生产带来的便利，如通过转基因技术人们获得了较多具有抗性的植物品种和特异性疫苗，这都给人们的生活带来了福利。但是，转基因技术也会给人类带来烦恼。对于这一话题，教师指导学生借助未来教室的网络资源，查阅相关文献，用科学的态度来看待现有的先进技术，客观地评价每一项技术带来的利与弊，引导学生成为科学知识的宣传者。

（二）基于未来教室发展学生生物学学科核心素养的方法

未来教室（智慧教室）作为一种典型的智慧学习环境，已经成为教育信息化工作推进的重要支点，也成为创新人才培养和促进教育现代化的最新形态。在生物学课堂教学中，如何将生物学科与新兴技术相融合，如何在未来教室下发展学生生物学学科核心素养成为关键问题。教师应做到以下方面：

1. 科学使用未来教室，可以满足课堂教学需求

未来教室集多种先进技术于一体，如自动化控制、多屏显示、课堂教学录播、远程互动教学等。但未来教室强调的不只是设备和技术的先进性，其核心功能在于更好地辅助教与学，教师更应该关注如何科学合理地运用技术来支持学生的生物学学习过程，在满足教学需求的同时着力发展学生的生物学学科核心素养。

例如，在"细胞膜的结构"教学设计中，学生通过未来教室的现代化手段，实现了资料阅读、材料收集和成果分享等任务；在完成膜结构概念构建的同时，发展了探讨生命现象及规律的科学思维与探究意识，在微观层面上理解了细胞膜结构与功能的统一，最终保障了教学的高效开展。

因此，教师要将学习环境的设计纳入教学方案之中，根据预期达成的生物学教学目标和教学任务的实际需求，选择适合未来教室的教学策略并选用未来教室的不同技术手段，以辅助和提升教学成效。

2. 以数字化资源为媒介，利于培育学生综合能力

生物学学科核心素养是在信息化、全球化、学习型社会的时代背景下提出的，因此学生需要具备解决问题和完成复杂任务的必备品格、关键能力和价值观念。未来教室从实践性、直观性、科学性等方面适合生物学学科的教学特点，它能使文字内容情境化，静态信息动态化，微观知识宏观化，有利于在课堂上展示生物学的基本内容，反映自然科学的本质，有着传统教室无法比拟的优点。同时学生也能够获得更开放的学习环境和更丰富的交流途径，在实际教学中通过利用各类数字化手段，学生开展小组交流、资料检索、模型组建、数据分析、报告撰写等学习活动，每一位学生都能真正参与课程、分享学习收获、展示学习成果。因此，这样的教学过程致力于学生理解科学知识，培育科学探究与高品质思维能力，形成科学态度和价值观，从而最终实现学生对于生物学本质的理解和科学素养的提升。

3. 未来教室的功能，利于精准开展针对性教学

未来教室支持多样的评价主体、手段和流程，对学生的评价也不再单凭一个阶段的学业考试成绩，而是更多地考量过程性的学习状态、学习效果等，做到了过程与结果并重。因此，基于未来教室环境的多维度评价在实践中发挥着重要的诊断、修正和导向作用，能够帮助教师和学生有针对性地改善教与学。

未来教室的即时反馈技术为教师高效、全面地组织教学提供了支持，教师针对反馈来的信息，全面把握学生的学习状态，适时判断不同学生知识学习的程度，通过及时矫正，促进全体学生教学目标的达成。未来教室也延伸了课堂评价，让课后练习的实时反馈、个性化跟踪对比成为可能，这使得师生之间、生生之间的互动对话变得更为广泛而深刻。同时，未来教室也帮助教师和学生在交流合作、学习体验、试题评价等各个过程中记录、挖掘和分析数据信息，以可视化的数据结果揭示学习者的学习特点和现状，发现其中的问题和规律，预测未来的表现和发展，进而教师能够有针对性地调整教与学的进程与内容。

例如，在"基因的分离定律"一节的教学设计中，学生对遗传图解进行互相评价与解释，教师依据习题反馈，优化和完善教学过程，课后学生进一步展开自主学习与讨论。

这一过程中，思维能力、问题解决能力、知识学习能力成为评价核心，教师通过充分的个性化数据挖掘，把握学生的知识建构水平和学习目标的达成程度，指明了后续的教学方向。

四、生物学学科核心素养——信息化实验手段

将现代信息技术运用于高中生物学实验教学中，可以弥补传统实验教学的诸多不足，将实验教学带入一个全新的领域，引领学生展开快乐而主动的探究，让学生成为知识的构

建者，促进学生实践能力、创新能力与探究能力的全面提高。

运用信息技术可以帮助学生深入认识生物学实验的器材。高中生物学实验用到的器材较多，有的实验器材结构复杂，很难观察到器材的每个组件，有的价格昂贵，很多普通高中不具备购买条件。在这种情况下，教师一般就靠实物、手绘图和挂图讲解器材的结构，但是学生却难以了解其构造、原理及使用方法。如果运用多媒体技术，就可以解决这类问题。另外，在日常的实验教学中，一些常用器材在部分市县高中实验室是没有的，如恒温培养箱、无菌操作台等，但是通过多媒体演示，可以帮助学生认识这些器材。

运用信息技术可以帮助学生逐步养成规范操作的习惯。做实验时，实验操作的步骤是否正确，操作的方法是否规范，直接关系到实验的结果与安全，规范的实验操作是实验教学的关键，也是实验成功与否的关键。在高中生物学实验教学中，教师如果只是通过讲解或演示实验器材的操作方法、实验过程的操作步骤，是不能让大多数学生掌握实验操作的规范性的。因此，根据实际情况，教师可以制作一些课件来解决这个问题。

运用信息技术在实验前展示实验步骤，实验中引导探究，实验后展示结果，有效提高实验教学的效率。在传统的实验教学中，教师只能通过常规手段来讲解实验目的、原理、方法、步骤等为实验的开展做准备。因时间与条件的限制，教师很难给学生讲清楚，当然也就不利于指导学生开展实验。如果教师运用多媒体课件将实验内容通过投影展示出来，就可以在实验前指导学生阅读实验内容，使其掌握实验目的和操作要领，理解实验原理；在实验中，利用板书、图示或动画展示实验步骤及各种现象，引导学生进行实验；实验结束后指导学生总结交流，根据实验的具体情况填写实验报告。

教师可把它们的实验过程以动画或影片的形式浓缩在一个个的课件中，通过播放课件，让学生身临其境地感受，达到实验的目的。有的实验条件要求高，如植物组织培养实验、噬菌体侵染细菌的实验等，但是教师把具体操作过程做成交互式课件，以模拟操作达到实验教学的目的；有的实验科技含量高，一般的中学没有条件开展，如 PCR 技术、电泳技术等，教师可将实验过程制成多媒体动画或影片，展示给学生，让学生尽可能地对每个实验都有更多了解。

（一）基于信息化实验手段发展学生生物学学科核心素养的要点

1. 信息化实验手段扩大实验研究范围的深度与广度

信息化实验手段能采集并处理大量实验数据，真实还原信号发生的过程，使实验结果更真实；能够捕捉被测量的微小变化和瞬间变化，并能利用录像技术逐步分析实验过程。在传统实验室中引入以传感器为主的数字化实验系统，并基于计算机平台实现实验数据采集的数字化和自动化、数据处理和数据分析的智能化，能提高学生综合信息处理的能力，有效地实现信息技术与学科教学的整合，为学生自主探究提供平台，有利于探究学习，培养学生的创新能力。

2. 信息化实验手段能够有效地训练科学思维

信息化数字平台，更加精密地显示各实验变量的关系，拓展了实验范围，提高了实验数据处理能力。让师生能自主设计更多教材以外的实验，有效探索实验过程和实验结果的关系，探究实验规律，对丰富实验数据的处理方式，提高数据处理能力和速度，对培养学生科学素养效果显著。

3. 坚持实验教学以传统实验为主导，发挥优势

传统实验在中学生物学教学中的作用是不可被完全替代的。信息技术手段能够弥补和完善传统实验中不能达到或不能完全体现的部分，有效弥补了传统实验的不足，促进了实验教学方式多样化。传统实验给学生以直观、真实的体验，虽然实验过程有占用空间多、实验时间长、误差控制难度大、生成实验报告麻烦等诸多不便，但这恰好是中学实验教学让学生获取知识和动手能力不可替代的教学模式。传统的实验能给学生以真实感，中学实验的多数实验结果也只有通过真实的传统实验才能得到，学生在数字化信息手段实验中有"不踏实"的感觉；信息化技术的局限性恰恰是传统实验的优点，发挥二者各自的优势，是创新中学实验方式的着力点。因此，用新技术整合中学生物学实验教学方式仍要坚持以传统实验教学方式为主，传统的实验方式记载着前人进行科学研究的思路，同时传统的数据收集和数据处理工作对培养学生细心观察、认真思考和科学分析能力都是十分重要的方式；信息化实验方式是传统实验方式的丰富、补充和完善。

（二）基于信息化实验手段发展学生生物学学科核心素养的方法

目前，现代信息技术已在教育领域得到广泛应用，如何将其应用在生物学实验教学中，是广大生物学教育工作者值得思考和实践的一项工作。教师如果运用信息技术进行辅助教学，且使用得当，最终优化生物学实验教学，提高课堂教学效率，定能提高生物学实验教学的质量。信息技术在高中生物学实验教学中的应用非常广泛。如果教师应用得好，能有效激发学生的学习兴趣，使微观的实验世界以宏观的形式展现，使抽象的实验直观化，使复杂的问题简单化，为提高实验教学效率作出贡献。但是，现代信息技术只是一种辅助教学的工具，它应当为实验教学的目标和内容服务，杜绝用视频代替课程明确要求完成的学生实验，否则就会严重影响学生的动手操作能力，不利于学生实验素质的提高。教师只有适时、适当地应用适合的信息技术，才会优化实验教学过程，提高实验教学质量。

第四节　核心素养理念与高中生物深度学习的关系

在核心素养背景下，生物学科的深度学习要求与新课程的培养目标高度一致。深度学习并非单纯追求教学内容的难度和深度，而是在传统教学的基础上，注重学生理解性学习能力和创新思维能力的培养。因此，生物的深度学习要求教师在教学过程中注重激发学生学科兴趣，积极转变教学观念的同时，使生物学科知识得到有效整合和贯通，并使学生在对知识的深入理解中形成解决实际问题的能力，从而使学生的学习能力和实践能力得到同步培养。

随着课改的深入推进，传统教学不仅凸显出教学效率较低的问题，而且传统教学方式也无法满足素质教育的发展目标，为此，加快教学的深化改革也是尤为必要的工作，教学有效性就是在这一教育背景下提出的。想要实现有效教学，方法的改进是必不可少的。尤其对理科学习来说，在传统教学中学生往往对知识知其然而不知其所以然，一旦涉及知识的综合理解和应用，学生就会感到头疼，生物作为理科的组成部分，想要使学生真正把握知识，强化生物教学有效性是非常关键的。

核心素养作为学生发展过程中最重要的因素之一，起到提高学生学习效率、促进学生全面发展的作用。当学生步入高中学习时，学生的心理年龄也会随着其年龄的增长而增长，其他方面的条件无法满足学生成长要求时，就必须做出改变。这时核心素养的培养就显得尤为重要。学生在探寻知识的过程中，需要具备一定的审视能力、鉴别能力，从而能更好地面对学习、生活以及工作中出现的挫折等问题。同时，核心素养教学的开展，也有利于提高教师的教学能力。学校要想培养学生学习的核心素养，就必须有专业的教师进行指导教学。教师在教授学生知识的同时，自身也要不断学习，通过学习，教师的教学能力也在无形中得到提升。因此，高中教学核心素养工作的开展，既有利于学生学习的发展，也有利于教师能力的提高。

"新课程改革要求教师应该从核心素养理念的角度提升学生的学科能力。这意味着教师必须先建立起学生对生物学的正确认知，还要培养学生的生物学科思维，最后引导学生在生物学知识中持续钻研。如此由浅入深、逐步递进的教学方式，才能引导学生真正进入高中生物深度学习"[①]。

---

① 秦秀芳：《核心素养理念下高中生物深度学习教学策略研究》[J]，《智力》，2021 年第 4 期，第 152 页。

　　综上所述，在高中生物教学中培养学生的核心素养和带领学生进行深度学习有着相同的目的，那就是让学生在学习教材知识的基础上进行更加深入的研究和思考，而且生物学科核心素养中的"生命观念"和"社会责任"更是进行生物研究必须具备的基础素质，学生如果可以在高中阶段就培养出生物学科核心素养，那么学生未来就会有更大的机会在生物学科领域取得成绩。所以，高中生物教师在核心素养理念下仍需继续寻求引导学生深度学习的教学，这样才能为学生的未来奠定更加坚实的基础。

第二章

核心素养下的高中生物课堂深度学习

第一节 核心素养下高中生物高效课堂的教学设计

一、核心素养下高中生物高效课堂教学设计思路

高效课堂的基本特征是"自主建构，互动激发，高效生成，愉悦共享"。换言之，高效课堂一定是以学生为主体，能够激活学生的学习主动性、积极性，促进师生、生生间充分互动的课堂。因此，基于这个思路，本书围绕设计自学题目、做好话题过渡、强化动手实验、融入实践案例这四个方面进行具体探讨，以引导学生在翻转课堂、内化知识、积极思考、学以致用的教学过程中获取生物基础知识，提升生物学习能力，让我们的课堂真正由有效走向高效。

（一）设计自学题目

翻转课堂是一种重新调整课内外时间及定位师生角色的教学模式，它强调学习的决定权应由教师转移给学生，让学生通过自主学习、主动探究来实现知识的意义建构，这对构建高中生物高效课堂来说，是非常具有可操作性及参考价值的实践模式。因此，教师要善于结合生物课堂的教学内容，多尝试组织和应用翻转课堂的方式来帮助学生发展自主学习能力，提升学生核心素养，增强生物课堂的教学质量。

例如，在教学"细胞膜的结构与功能"时，由于这部分知识点非常重要，条理性也比较强，教师就可以利用翻转课堂的方式来进行这部分知识的教学。以细胞膜的结构这一具体知识点的教学而言，教师要结合教材知识，增加生动的动画演示，结合细胞膜的模式图对其各分子成分进行细致的解说与讲解，以此来为学生准备课前视频。学生要结合课本观看视频进行自学，并需要从中总结细胞膜的分子组成以及分子的分布特点，归纳出细胞膜的分子结构。教师再在课堂上根据这一自学题目的完成情况，了解学生对于这部分知识的

疑惑之处以及理解不到位的地方，针对这些内容再进行针对性地讲解与强化，如果是学生都能理解的知识内容就可以适当减少讲解与强化的时间，以此来有的放矢地提升课堂教学的效率与质量。

在应用和组织翻转课堂的时候，学生是通过课前或课外观看教师的视频讲解来实现自主学习的。教师除了要为学生的自主学习准备高质量且短小精悍的视频以外，也要结合视频为学生设计相应的自学题目，使学生能利用题目来检验自己对视频所传递的新知识的理解程度，也使教师能在课堂上根据学生解题情况的反馈进行更有效的讲解与辅导。

（二）做好话题过渡

无论是不同的教学内容之间，还是课堂的前后联系与课堂教学环节的设计中，都需要教师做好话题间的合理过渡，实现教学的无痕衔接。"这对学生而言，一方面可以让知识的学习与内化更加思路清晰，目标明确，较容易理解与接受；另一方面还有利于学生在此基础上梳理与整合知识间的相互联系，建构起合理的知识体系"[①]。

以"细胞膜的结构与功能"这节课为例，细胞膜的结构与细胞膜的功能这两大知识点的教学之间如何做好过渡，实现自然衔接就是教师要去考虑的问题。在翻转课堂的视频讲解中，学生了解到细胞膜的分子结构是以磷脂双分子层为基本支架，蛋白质位于两侧或游离表面，或贯穿磷脂双分子层之中，外层由糖包围。教师可在此基础上，为学生继续展示不同动植物细胞的显微结构，学生发现细胞膜的结构是基本相同的，但在分子组成上有一定的差异。教师再自然过渡到下一个问题："细胞膜这样的分子组成与结构特点决定了它具有什么样的功能呢？"由此引入细胞膜功能的知识点，学生会更容易接受。

换言之，要想在核心素养下建构高中生物高效课堂，不仅要对教学活动及环节设计进行科学合理的优化与再构，还要重视教学环节与环节之间的联系及过渡，使其环环相扣，层层推进，让我们的教学有逻辑可依，有规律可循。这样的教学才不会使学生接收到的知识是零碎的、孤立的，而是给人一种一气呵成、浑然一体之感。

（三）强化动手实验

动手实验的方式是让学生自主经历知识的形成过程，在动手操作与探究中获取知识的重要方式，它更凸显出学生在获取知识过程中的主体性地位，在帮助学生深入理解知识、内化知识方面有着积极的效用。因此，教师在高中生物的教学过程中，要切实加强实验教

---

① 蓝玉凤：《基于高效课堂构建的高中生物课堂设计思路分析》[J]，《中学课程辅导（教师通讯）》，2020年第23期，第78页。

学，注重实验设计，发挥出实验教学在实现课堂目标过程中的独特作用。

例如，为了让学生更好地认识 DNA 与 RNA 在细胞中的分布，实验探究的方式是最直观也是最有效的方式。教师要引导学生结合相关知识点，理解实验原理，并按"制片—水解—冲洗—染色—观察"的步骤逐步完成实验操作，认真观察实验结果，并就实验结果进行交流与分析。经过实验操作，学生发现甲基绿使 DNA 染上绿色，吡罗红使 RNA 染上红色，教师再引导学生就这一现象展开分析与交流，使学生自主探究得出真核的 DNA 主要存在于细胞核中，此外，在线粒体和叶绿体中也有少量的 DNA 分布，RNA 主要存在于细胞质中，少量存在于细胞核中的实验结论。

实验总体而言可以分为提出问题、猜想与假设、制订计划与设计实验、进行实验及收集证据、分析与论证、评估以及交流与合作这 7 个环节。只有在科学规范的实验设计与操作中，学生才能从实验中探索得出生物知识，理解生物规律，并在规范性、体系性的实验教学中有效提升实验素养。

（四）融入实践案例

生物是一门实用性很强的学科，在课堂目标的预设中，提高学生的知识应用能力、综合实践能力是教师始终要重视的情感态度与价值观目标。具体而言，教师可以通过融入实践案例的方式，让学生参与实践案例的探讨与研究，能够用课堂所学知识来分析问题、解决问题，以此来达成学以致用、指导实践的教学目标。

例如，教师在教学与基因有关的知识时，就可以为学生引入中国水稻研究所水稻生物学国家重点实验室王克剑团队，利用基因编辑技术建立了水稻无融合生殖体系，成功克隆出杂交水稻种子，首次实现杂交稻性状稳定遗传到下一代的案例，让学生了解我国在基因工程领域的最新研究进展，以使学生认识生物学科的前沿性知识，帮助学生开阔视野，提升生物素养。

实践案例的方式是帮助学生将抽象的问题生动化、复杂的问题简单化、理论的问题生活化的一种重要方式。教师要结合课堂教学内容，精准把握学情，在学生理解有困难、认知有难度的教学重点、难点处适时引入实践案例，帮助学生进一步巩固和加深对生物知识的理解与认识。

总而言之，衡量课堂是否高效的核心标准是学生对课堂目标的达成度以及学生在实现目标过程中主动参与、自主探究的程度，这也是教师设计和开展课堂教学的基本出发点。在科学合理地制定课堂目标的前提下，教师还要根据教学过程中的实际情况进行适时调整、跟进、监测及反馈，以促使课堂教学能够真正激活学生的有效思考，引导学生积极思维，实现知识的意义建构，帮助学生获得真实的成长与提升，并为培养及提升学生的高中生物核心素养奠定基础。

二、核心素养下高中生物高效课堂教学过程设计

（一）深挖教材，充分备课

高效课堂对教师的备课提出了新的要求，传统的教学方式已很难适应新课堂的需要，新课堂不但要求要备教材，还要求备学生、备教法、备学法等，只有备好课才能上好课。教师的备课要做好三方面工作，即钻研教材、了解学生、设计教法。作为教师要想备好课必须具备较强的备课能力，主要包括：掌握和运用课程标准的能力、灵活驾驭教材的能力、与学生沟通的能力、设计教法的能力、编写教案整合教材的能力。为了记住教案的全部内容，往往要在教案条理性、逻辑性上花很多的时间做深入的分析。这样，既有助于教师理解、掌握教材内容，也更有利于学生掌握教材内容，甚至当堂记住、理解、消化。

（二）巧妙设计课堂的导入

紧密结合学生的生活实际，巧妙设计精彩灵活的课堂导入方式，达到良好的课堂效果，同时提升课堂效率。我们都知道课堂教学是一门艺术，而课堂导语更是艺术中的艺术，每一节课的导入直接影响课堂的教学效率。好的导语能把学生的注意力迅速集中起来，使学生饶有兴趣地投入新的学习情境中去，提高学习效率。导入艺术的方式有很多，这需要教师灵活驾驭教材、充分了解学生的身心特点来自由创新、灵活运用。综上所述，导入方式有：①温故而知新导入法，②情境导入法，③趣味游戏导入法，④设置悬念导入法，⑤生活常识导入法，⑥演示实验导入法。课堂导入要简洁，要有趣味性、形象性、导向性。教师可以采用多种形式，其主要目的是引起学生的求知欲，激发学生的学习兴趣，引导学生积极学习和运用知识。导入的恰当与否，直接影响课堂效果。巧妙地导入引人入胜，既可以促使学生在心理和知识上做好学习新知识的准备，又可以调动学生的学习积极性，积极进入良好的学习状态，还能激发学生的学习兴趣和求知欲望，使学生集中精力学习新的内容，从而提高课堂教学的质量。

（三）语言简洁、有吸引力

一名优秀的教师肯定有其独特的人格魅力，引导着学生去欣赏他的课堂，进而提高学习兴趣，达到良好的学习效果。在生物课堂上，教师语言的表达能力直接影响生物课堂的教学效果。生物课堂教学教师语言应做到在科学、准确的基础上生动形象，在一定范围内可以带有幽默、诙谐感，使学生感到有趣味；教学语言要规范、有节奏感。"此外，教师教学要善于运用势态语，其中包括教师的眼神、表情、手势与姿态，来补足语言的不足，

既形象又生动易懂"。①

（四）注重课堂教学的过程

教师在教学中要善于启发引导学生的思维方式，发挥学生在课堂上的主体地位。首先必须善于设计目标明确、新颖有趣、难易适度、发人深省的问题来调动学生大脑皮层的优势兴奋中心，然后教给学生思考的方向和线索，引导学生对问题做层层深入的思考，并掌握分析和处理问题的方法，灵活采用多种不同的教学方法，从而培养学生良好的思维品质，有效地提高课堂教学的效果。"生物课程标准"的核心理念便是：积极倡导自主、合作、探究的学习方式。改变学生的学习方式，由被动接受学习转变为主动探究学习，这是课程改革最为核心和最为关键的环节，也是教师有效教学的关键。

（五）设计课堂小结并概括

课堂小结不但能概括本节课的内容，而且能让内容系统化、条理化，便于学生掌握记忆。在设计课堂结尾时，内容要精练，总结要精彩。在时间安排上不能拖沓，在内容上要牢牢把握住本节课的重点，设法通过我们的设计把学生的注意力集中到重点问题上，从而提高教学质量。教师不能包办代替，要把着眼点放在引导学生上，只有想方设法让学生多思考、多分析、多讨论，充分发挥其主观能动性，把教师的主导作用和学生的主体作用有机地结合起来，才能发挥课堂结尾的作用。

三、核心素养下高中生物高效课堂教学设计的实施

（一）促进学生参与

高效课堂的构建要以学生为主体，教师要发挥引导的主要功能。在高中生物课堂教学中，构建高效课堂的主要方法是提高学生的参与度，发挥学生在课堂中的主动性。教师可以以学生的兴趣为基础，在教学中对学生的兴趣进行科学引导，引导兴趣的方法具有多样性，教师可以以问题情境导入的方法提高学生课堂积极性，也可以以小组活动的形式，提高学生的课堂参与度。例如，在"神经系统调节"的课程教学中，教师可以以游戏的形式对教学进行科学的导入，教师要求学生在上课之前做膝跳反射实验，能够极大程度地吸引学生的注意力，提高学生参与度。教师也可以要求学生以小组的形式，模拟神经结构系统

---

① 周裕志：《落实六环节，打造高中生物高效课堂》［J］，《学苑教育》，2015 年第 16 期，第 17页。

的运行路径，在谈论中提高学生对理论知识的掌握。在 DNA 教学中，教师可以要求小组学生将自己的指纹印在纸板上，学生可以观察指纹之间的不同，在观察结束之后，教师对其原因进行详细的阐述，这种教学方法能够吸引学生的课堂注意力，提高学生的课堂参与度，降低学生课上溜号情况的出现，进而提高学生的课堂学习能力。

（二）聚焦学生思维

生物教学中，教师若想构建高效的生物课堂，提升学生的核心素养，需要在课堂教学中聚焦学生思维。教师要具有很强的课堂掌控能力，在实际教学中，教师能够科学地掌握教学中的每个环节，能够以各种方式吸引学生的课堂注意力。例如，在"基因突变"的教学之中，教师可以以多媒体播放图片的形式，让学生了解到基因突变的结果，何种是正常的基因突变，何种是非正常的基因突变，教师通过对两种生物体之间的比较，能够聚焦学生的思维。当学生思维不集中时，教师可以采取视频的形式，将学生的思维聚集在荧幕上，荧幕中可以播放基因突变的具体过程，并在视频播放的过程中，向学生提出一些具有价值性的问题，学生带着问题观看视频，能够减少学生思维涣散的情况，将学生的思维聚焦在教学内容之中，进而实现高效课堂的教学目标。

（三）运用生活情境

在高中生物课堂教学中，教师想要提高课堂学习的质量，提高学生的理解能力，实现高效课堂的教学目标，教师需要采用情景教学方法，联系学生的实际生活情境，强化学生对教学内容的理解。例如，在"生物进化理论"的课程教学中，教师可以举一些与生活实际相关的案例，对教学的内容进行导入。教师可以课前对学生提问："为什么会有虎牙？为什么人会长头发？"这些与课堂教学相关，与学生的日常生活相联系的问题。教师在课堂上对课前提出的问题进行科学的解答，并在此基础上引入生物进化理论的教学。情景教学法是生物课堂教学中被广泛应用的教学方法，能够实现高效课堂的教学目标。

总而言之，在核心素养下，高中高效生物课堂的构建要在科学设计的基础上进行，针对学生的学习现状，对其进行科学的设计，不断提高学生的学习成绩，促进学生实践能力的提高。科学的设计是保障高效课堂的基础，教师要不断地对课堂设计思路进行创新，利用现代化的课程资源，提高学生对生物课程内容的理解，培养学生良好的学习习惯。

第二节　核心素养下高中生物高效课堂的模式构建

一、核心素养下高中生物高效课堂教学模式构建的原因

（一）加强课堂教学的效果

第一，学习主动性的培养。在高效课堂上，教师变"主导"为"指导"，在教与学的过程中，把主要活动让给学生，真正确立了学生在学习过程中的主体地位，学习的主动性才能尽可能地发挥出来。

第二，合作能力的培养。一般而言，学生凭个人能力不可能完成新课的学习及讲解的任务，以小组为单位，共同预习，集体准备，各有分工，紧密配合，才能达成本组所接受的教学目标。在这个过程中，小组成员的合作意识必然得以明确，合作能力必定得以养成。

第三，组长的组织能力和协调能力的培养。每个学习小组成员，学习基础参差不齐，个性各不相同，能力各有差异，如何来共同完成一个教学目标，组长发挥着关键作用。长期坚持，其组织与协调能力一定会得到锻炼。

第四，自信心的树立。学习基础好的学生，给全班同学讲课时表现出的自信是明显的；一些基础差的学生，通过讲台实践，也看到了自己的能力，看到了自己显著的进步，从而逐步树立起自信心。

第五，集体观念的形成。高效课堂模式，要求全组甚至是全班一致努力才能完成一个新教学目标，这在客观上要求学生务必要有整体意识。而且以小组为单位的教学活动无疑也是一种小组整体水平与能力的展示，竞争产生于无形之中，自觉不自觉地产生了集体荣誉感，形成了集体观念。

（二）提升课堂教学的质量

高效课堂构建，有利于全面提升教育教学质量，而提升教学质量，在于调动学生与教师两方面的积极性。下面以"自学自教，小组协作"模式与"和谐互助课堂"模式为例具体探讨：

在小组互动教学过程逐步形成的"自学自教，小组协作"模式与"和谐互助课堂"模式中，其源于教师本人的教学实践和教改实践，有教师的个性化特色，把学生的主动性

参与发挥到最大化，极大地调动了学生的热情，也使得教师不论在课程的总体把握，还是具体教学细节的设计，都有一定的高度、深度和广度，很好地适应了当下教育教学的现状与需要。"自学自教，小组协作"模式大面积调动学生参与教学过程，以小组为单位，预习准备，自我组织、自我设计，课上学生占据讲台，"小助教"把握总体教学程序，轮值小组一人讲解，其他成员各有分工，全体活动，教师在关键处点拨、提示，当下反馈，组内解决，极大地调动了学生的学习热情，培养了学生的学习意识、学习能力，形成一套"推优"机制，更适应学习基础较好的班级实行。

"和谐互助课堂"模式，在学生大面积参与的前提下，把关注点放在学习基础较差的学生身上，让这部分学生当堂在小组内讲解所学新的知识点，以便及时反馈，帮助他们基本弄懂弄通，培养了集体主义精神，提升了自信心，形成一套"助困"机制，更适应学习基础较差的班级实行。总而言之，教师们积极参与教学改革，各显其能，共同打造着高效课堂模式。其基本特点是课堂显现了灵动性、鲜活性。

（三）符合教师的专业发展

高效课堂教学对教学方法有较高层次的要求，体现着学校办学水平的新高度，是对高中生物教师教学能力进行有效评价的好办法，理应成为每一位教师实现自我价值的基本追求。实施高效课堂教学，需要教师过硬的教学基本功和专业知识做支撑，而实施的过程，必将会对教师的专业发展起到积极的促进作用，这正好满足了教师专业发展的需要，为教师们提供了施展才能、实现抱负的理想平台。

二、核心素养下高中生物高效课堂教学模式构建的方法

（一）建立平等关系，增强师生间的交流与沟通

想要构建高效课堂，高中生物教师需要与学生建立起平等的关系，与他们成为真正的朋友，在课堂上占据指导地位，凸显出学生在课堂上的主体地位，使学生主动投入课堂学习当中，自主学习与生物相关的知识内容，积极探索生物知识背后所蕴含的文化内涵，进而调动学生学习生物知识的主观能动性。同时，高中生物教师注重学生在课堂上的主体地位，积极与学生进行交流与沟通，及时了解到他们在学习过程中存在的困惑，帮助他们解答生物学习过程中的疑难问题，使学生在与教师交流过程中对文化知识形成全新的认识，及时解决自我学习中遇到的问题，同时，在交流过程中将自我的想法表述给老师，提出创新性的问题解决方法，进而增强师生之间的交流与沟通，提高学生的语言表达能力，促使他们形成创新思维能力。

（二）充分挖掘教学资源，巩固学生的文化基础

教材是学生学习的基础内容，也是当前教师需要教学的主体内容。高中生物教师应当充分挖掘教材所涉及的内容，分析出教材内容之间存在的内在联系，以教材内容为基础创设出思维导图，使学生通过思维导图充分理解教材的内容，认识到知识点之间存在的内在关系，从一个知识点出发学习到多个知识点内容，进而提高学生的学习效率，夯实他们的文化基础。同时，教师应当挖掘出课堂上的教学资源，将许多与生物教材内容相关的物品带到课堂上，给予学生更为直观的感受，使学生通过观察学习到生物知识的理论内容，思考出教材内容背后蕴藏的本质内涵，进而促进学生综合能力的提高，发挥出教学资源的最大效用。

（三）采用多媒体教学用具，增强教学的直观性

多媒体教学工具是信息时代发展的产物，也是当前高中生物课堂使用最多的教学工具。高中生物教师积极应用多媒体教学技术，利用多媒体技术将抽象的教材内容变得更加直观化，以色彩鲜明的画面展示出教材上的内容，展现出真实的教学场景，使学生更为直观地理解教材上的内容，融入多媒体所构建的场景当中，加深对教材文化知识的印象，深入理解教材内容的本质内涵，进而增加高中生物课堂教学的直观性，构建高效的高中生物课堂教学模式，提高生物课堂教学的效果和质量。

（四）创设问题化教学方式，提高学生思维能力

问题可有效激发学生的学习兴趣，调动他们学习的主观能动性。高中生物教师认识到建立问题化教学模式的重要性，积极创设问题化教学模式，精心设计课堂教学的问题，以问题引导学生思考的方向，使学生通过问题了解到各个章节的主旨内容，思考出知识点之间存在的联系性，逐渐形成较高的求知欲，逐步进入最佳学习状态，进而保障高中生物课堂教学的效率，提升学生的思维能力。

（五）设计合作化教学模式，加强学生间的配合

合作化教学方式是当前高中生物教学的主要形式，也是增强学生之间合作的主要手段。高中生物教师积极创设合作化教学模式，合理分派课堂学习小组，以"组间同质、组内异质"作为分组的基本原则，使每一位学生都认识到自我在小组中所处的地位，明确自我在小组中需要完成的任务，积极参与到小组合作当中，进而增加学生之间的相互配合，提高他们的合作意识，提升高中生物课堂教学的高效性。在小组合作中，学生积极与小组成员共同探

究生物现象，研究生命活动的变化规律，与小组成员相互配合完成生物实验，以小组为单位从实验现象中分析出实验的结果，进而强化学生对生物理论知识的理解与掌握。

（六）合理布置课堂作业，凸显分层教学的效果

每一个学生对高中生物教材内容的掌握程度都有所不同，对文化知识的接受程度也有所区别。高中生物教师应当认识到学生在学习水平上存在的差异性，根据学生学习水平的不同合理布置课堂作业，按照他们学习水平的不同布置出分层化课堂作业，进而实现分层教学的效果，满足不同学生的学习需求，构建高效的高中生物课堂教学模式。

（七）创建生活化教学情境，提高学生应用能力

"高中生物教师发现生物知识可以运用到我们生活的各个方面，将生物知识与生活事件有机联系在一起，在课堂上创设出生活化教学情境，营造出生活化教学氛围，使学生融入生活场景当中，将理论知识应用到生活事件当中，从生活角度出发思考生物知识的基本内涵，掌握到生物知识的应用规律，进而提高学生的学习效率，促进高中生物课堂教学的改革与发展"①。例如，教师讲解"光合作用"这一章节的内容时，在课堂上构建出生活化教学情境，将生活中的植物带入课堂教学中，使学生通过生物实验观察植物进行光合作用所产生的现象，深入思考光合作用的条件，进而增强学生的探索能力，提高高中生物课堂教学的效果和质量。

构建高中生物高效课堂教学模式成为当前教师需要思考的主要问题，也是提高学生学习效率的主要方法。高中生物教师积极改革课堂教学的模式，引入多样化教学方法，创设出问题化、生活化、合作化教学策略，使学生真正融入生物课堂教学过程中，深入理解课堂教学的主旨内容，进而提高高中生物课堂教学的高效性。

第三节 核心素养下高中生物高效课堂的评价标准

第一，高效课堂标准的一般体现。高效课堂的标准一般体现在五个方面：教学目标、教学活动、教学能力、教学反馈、教学组织与管理。

教学目标：全面、综合、深刻。知识与技能、过程与方法、情感态度价值观（三维）；有价值，体现高期望值；十分清楚、具体、可操作；切合三情——学情、教情、考情。

---

① 任健：《高中生物高效课堂教学模式的建构》[J]，《知识文库》，2021年第11期，第146页。

教学活动。教学情境：配合内容，激趣启智，自然过渡。教学环节：快节奏、高密度。小组活动：分工合作、积极思维探究。师生互动：配合默契、思维深刻。生生互动：100%参与，主动积极思考。活动与作业：自主、探究、个性。

教学能力：清楚准确地交流。巧妙运用提问与讨论技术；灵活变换教学方法，训练学法、学科思想方法；合理运用教学资源、信息技术手段。

教学反馈。学情反馈及时，课堂评价及时、到位、适度，作业适中，考试、测验等都能够很好地发挥激励作用。

教学组织与管理。课堂活而有序，自觉遵守纪律；学习氛围浓厚；时间分配合理；过程组织严密；学生行为管理到位；物理空间管理合理。

第二，优质高效课堂教学评价标准的基本原则。①目标取向评价与主体取向评价相结合；②师生互动评价的运用与课堂教学效果相结合；③评价标准的相对稳定与不断生成相结合；④重视教学反思。

第三，高效课堂对学生表现的评价标准。核心素养下的高效课堂是学生主动学习、积极思维的课堂，是学生充分自主学习的课堂，是师生互动、生生互动的课堂，是学生对所学内容主动实现意义建构的课堂。

第四，高效课堂对教师教学水平的评价标准。①高水平的教师向课堂要质量，低水平的教师向课后要数量；②高水平的教师注重教学方法，低水平的教师侧重教授知识；③高水平的教师讲究整体建构，低水平的教师注重细节。

第四节　生物高效课堂深度学习中的交互式电子白板

所谓高效课堂，顾名思义是指高效率、高效益的课堂，具体而言就是从有效课堂的高度出发，高效率、高质量地完成各项教学任务，达成各项教学目标，能够促使学生各方面能力发展最大化的教育教学活动。高效课堂，核心在于高效，关键在于课堂。目前对于高效课堂的概念界定表述方式较多，但是都逃离不开一个主旨：运用尽可能较少的教学投入，以期斩获尽可能较多的教学成果。在实际的课堂教学中，高效课堂应该包含三个方面的内容：一是教师的教、学生的学以及教学的成果都要实现高效；二是师生对课堂的满意度高，整个教学过程要在内容、形式和结果上达到和谐统一；三是不能只追求知识目标的实现，要注重能力目标和情感态度价值观这些高层次教学目标的实现，从而实现学生多方面能力的共同发展。

"交互式电子白板（Interactive Whiteboard，IWB）是一块具有触摸控制功能的白板，计算机屏幕通过投影机投影在白板上，使用者或者使用白板触笔或者用手指就可以控制计算机操作。使用者对白板上信息所做的修改会传回计算机，并保存在计算机中"[1]。如果计算机可以上网，白板就会显示打开的网页；如果计算机能够播放多媒体，连接音响设备后，白板就可以成为电影屏幕，播放多媒体资源。交互式电子白板的种类很多，根据其定位技术的不同可以将市场上比较流行的交互式电子白板区分为：电磁感应式、红外线定位式、电阻压感式等品种。虽然它们所使用的相关技术有所区别，但最终达到的效果都十分相似。

交互式电子白板的物理组成成分分为硬件和软件两大部分。硬件即电子感应白板，是一块和正常黑板尺寸差不多，需要在计算机支持下进行工作的大型感应屏幕。它的作用相当于计算机的显示屏，并可替代传统的黑板。软件即白板的应用软件操作系统，是存在于计算机中的一个软件平台，包含着电子白板的各项功能，不仅能为计算机、白板、投影仪间的信息交流提供强力支撑，自身还携带着一个强大的资源信息库，并且能够兼容各种操作软件，可以满足教师在课堂上对各种教学材料的调取和教学软件的应用。交互式电子白板集传统的黑板、计算机、投影仪等多种功能于一身，教师使用起来非常方便，从而很好地为课堂教学服务。

交互式电子白板近年来能够倍受国内外教育专家、学者以及各科一线教师的青睐，究其原因，最主要的就是交互式电子白板自身所具有的超强功能，它有效地将黑板、投影和计算机的相关功能取长补短融为一体，通过对课堂交互性、生成性和生动性的有效提高，促进了传统教学模式的转变，为课堂注入活力，下面分析交互式电子白板（以 seewo 交互式电子白板为例）的主要功能。

第一，屏幕注释与绘画功能。交互式电子白板包含了传统黑板的所有功能，用电子笔（普通笔、荧光笔、毛笔、排笔等）或手指可以随意在白板上进行操作，教师在实际操作过程中可以根据自身的需要进行随意选择，在书写过程中如果出现错误的话，可以随时使用交互式电子白板的板擦功能将错误及时清除。另外，教师还可以使用交互式电子白板的绘画功能，根据自己的实际需要从绘画菜单中选择直线、几何图形、喷桶等功能来完成图形绘制，从而辅助教学，使课堂多姿多彩。

第二，放大镜功能。教师在进行课堂教学的过程中，如果需要对某部分内容进行突出强调、提醒学生注意时，可以使用交互式电子白板的放大镜功能，将这部分容易被忽略的内容进行放大，让全班同学都能够清晰看到，在改变传统课堂局限性的同时也可以一定程度上提高课堂的效率。

---

① 王全胜：《交互式电子白板环境下构建生物高效课堂的实践研究》［D］，长沙：湖南师范大学，2015 年，第 8 页。

第三，聚光灯功能。交互式电子白板自身所具有的聚光灯和现实舞台中的聚光灯十分相似，聚光灯可以将全班同学的目光吸引到屏幕上需要关注的地方。在课堂教学过程中，如果在一段时间内屏幕上出现的内容较多时，聚光灯功能在这时就可以起到牵引视线、帮助学生集中注意力的作用。当需要突出的重点内容被聚光灯的光束凸显之后，其余的地方则会显示黑暗，另外聚光的区域可大可小，形状、位置也可以随意调整，以达到教学目的为准。

第四，拖曳功能。拖曳缩放功能是黑板教学和多媒体教学所不具备，是交互式电子白板所特有的功能。拖曳功能能够充分吸引学生视线，让学生集中注意力并将其集中于老师或者同学在白板前的操作中。教师还可以鼓励学生使用拖曳功能对一些教学过程进行多次尝试，便于对一些动态过程的讲解。

第五，实物展台功能。交互式电子白板中的实物展台功能可以及时将学生的讨论成果、实验成果和一些典型出错点在课堂中展示，便于加深记忆，提高学习效率。

第六，屏幕幕布功能。在课堂教学过程中，对于某些教学环节的呈现需要任课教师进行逐步展现，从而在课堂中营造神秘感，吸引学生的注意，例如课堂中的提问环节，任课教师就可以将问题和答案分开设置，答案事先处于隐藏状态。如果演示的内容不想让学生全看到，就可以利用交互式电子白板的屏幕幕布功能。讲解时，只要用电子笔在工具栏内找到拉幕功能，点击一下，再将电子笔置于屏幕上方，徐徐向下拉，所要演示或讲解的内容就会随着幕布的向下拉动而缓缓显露出来。拉幕不仅可以自上而下，还可以从左至右，拉幕方式可以自己设定，而且可以多次拉动，随意进行。教师在进行课堂提问或者进行习题练习时，利用幕布功能先把问题呈现出来，给同学们一定的时间思考，然后再缓缓拖动幕布将答案呈现，这样做可以很好地激发同学们的学习主动性，还可以发散同学们的思维。

一、生物高效课堂深度学习中交互式电子白板的具体优势

新课标倡导学生转变在课堂教学中的地位，变被动为主动，主动参与学习过程，通过亲身参与探究过程而获得相关的生物学知识，培养积极的科学态度，养成理性思维的习惯，发展终身学习的能力。基于交互式电子白板的高中生物高效课堂的实践研究需要在新课标课程理念的指引下进行。从整体看，利用交互式电子白板构建高中生物高效课堂具有以下优势：

（一）可以有效整合高中生物课程资源

使用交互式电子白板进行课堂教学，教师能够对资源展示过程进行控制，从而发挥自身的主观能动性和创造性，在课堂上随时随地对课堂中播放的演示材料进行有效控制，这就使得教师的身体语言在课堂中得以充分发挥，同时也避免了课堂教学过程中由于任课教

师频繁往返于黑板与主控台之间所造成的时间浪费和分散学生注意力等问题的出现。板书内容可以被随时存储下来，便于学生在后期复习中随时查看对照。通过交互式电子白板的网页浏览与资料库功能，使得在课堂教学过程中任课教师或者学生对计算机的访问更加便捷，白板系统与网络、计算机应用程序的有效互补，促使师生共同将计算机与网络的有机结合作为认知和探索发现的工具。教师不但在白板边就可用白板笔或手指在白板上实现对计算机的操控，还可以使用交互式电子白板的书写功能自由书写，随时更改。

另外，交互式电子白板可实现无痕书写与作图，教师可以随时对交互式电子白板上展示的任意图片、视频等教学材料进行注释讲解。交互式电子白板所配套的白板笔可以根据需要任意选择字体大小、颜色和种类。交互式电子白板强大的作图功能可以使教师在课堂中不需要使用直尺、三角板、圆规等作图工具，直接从绘图菜单中选取所需图形，简单方便。教师在使用交互式电子白板进行课堂教学过程中不但可以像在传统黑板上那样书写、勾画、标注，还可以完成一些传统黑板难以实现的功能，如对书写内容执行放大、聚光、拖拽、遮罩、旋转等动作。另外，当"黑板"写满后，教师只需要使用交互式电子白板的页面功能对"黑板"进行无限延伸或者新建另一个"黑板"即可，这样一来既可节省擦黑板的时间，又能避免擦黑板时的粉尘。

（二）能够激发学生对生物课的学习热情

在高中生物课堂教学过程中创设一定的情境，可以很大程度上激发学生对生物知识的探究欲望，从而提高课堂教学效率。将交互式电子白板技术与高中生物课堂教学相结合，能够利用交互式电子白板的多种功能，根据高中生物课堂的具体教学内容来为学生创设一个直观的、学生更加容易理解的教学情境，从而吸引学生注意力，激发学生学习兴趣，增强他们主动探索身边事物的欲望，同时也为他们的学习与探究过程提供一个积极、良好、愉快的环境。另外，在课堂教学中，通过一些教育技术手段的使用，为学生设置一些他们常见的、感兴趣的情境，不仅能够有效增强学生对知识的长久记忆，也能够帮助他们加深对新知识的理解与掌握。例如在高中生物课堂教学中，利用交互式电子白板演示 FLASH 动画给学生展现了一个真实的、动态的情境，不仅能够吸引学生的注意力，激发他们的探究欲望，而且能帮助他们更好地理解课堂教学内容。

（三）有利于高效地引导学生进行探究

交互式电子白板的标志性特点就在于它的交互性与生成性，这两种特性能够很好地强化课堂上的师生互动，激发学生学习兴趣，增进师生友谊，构建和谐课堂。教师通过与学生互动可以及时发现学生在学习过程中遇到的问题，从而及时有效地作出针对性处理并进行教学反馈和总结，突出学生的课堂主体地位。教师也可以在课堂教学过程中利用交互式电子白板的多种功能，将抽象的、学生难以理解的生物学知识形象地、直观地呈现在学生面前，从而及时有效地为学生解疑，不让学生带着疑问进行学习。另外，利用交互式电子白板进行课堂教学，交互式电子白板的页面浏览与回放功能让学生不再需要边听边记课，可以将全部注意力都投入课堂，学生在课下也可以继续使用页面回放功能，对课堂教学内容进行再回顾，加深理解与记忆。

（四）帮助教师突破生物教学的重难点

在使用交互式电子白板进行课堂教学过程中，可以使用其独有的"放大镜""探照灯"功能来放大页面的某一部分，刺激学生眼球，吸引学生注意力，加深学生对这部分知识的印象，增强记忆。通过对交互式电子白板一些类似拉幕、擦除等特殊效果和技巧的应用，设计不同形式的教学活动，从而提高学生的注意力，增强学生的学习兴趣，活跃课堂气氛，让学生主动参与课堂。特别是交互式电子白板能随时暂停控制动画、视频的播放，并可在这些动画、视频上进行标注解释，从而使教师能够更加自主地应用各种多媒体教学课件，弥补很多课件交互性差、预设性强等缺陷。

二、生物高效课堂深度学习中交互式电子白板的理论依据

（一）建构主义学习理论

建构主义的主要观点是由瑞士心理学家让·皮亚杰提出的，他创立的学派"皮亚杰派"是认知发展领域中最有影响力的学派。美国的杰罗姆·布鲁纳对建构主义理论进行了进一步的完善。建构主义强调在学习过程中要以学习者为中心，学习者在学习过程中起主体作用，认为学习是学习者主动探索，进行知识构建的过程。建构主义认为，知识的获取过程是学习者在一定的社会文化背景下，利用必要的学习资料，并需要借助其他人的帮助，通过意义建构的方式来获得知识的过程，而不是通过单纯的教师传授得到。建构主义学习理论主要包含四大要素：情境、协作、会话、意义建构。

"情境"：学习过程中情境的创设必须遵守有助于对所学内容意义建构的准则。这对教学过程中教学设计提出更高层次的要求，要求对于教学设计不能再仅仅局限于对教学目标进行简单分析的层次，还要考虑如何创设有助于学生知识建构的问题情境，这就把教学过程中问题情境的创设当作教学设计的重要环节之一。

"协作"：协作是贯穿学生整个学习过程的。协作不仅对学生学习过程中问题假设的提出与验证，相关学习资料的搜集、整理与分析有重要作用，而且对学习成果的评价甚至意

义的最终构建都起到至关重要的作用。

"会话"：会话是整个协作过程不可或缺的环节。学习小组成员之间需要通过会话的方式，制订计划来完成规定的学习任务，在此过程中，每一个学习者都可以通过会话来展示、共享自己的思维成果，因此，可以说会话是实现意义的最终建构所必须倚重的重要手段。

"意义建构"：建构主义学习理论中贯穿整个学习过程的终极目标，是对事物的性质、规律以及内在联系的建构。在学习过程中帮助学生进行意义建构，从本质上讲就是要帮助学生深层次理解当前学习内容所反映的事物性质、规律以及事物间的内在联系。

建构主义强调"情境""协作""会话""意义建构"，所以建构主义给我们的启示是，在教与学的过程中要注重情景、协作、会话和意义建构在教学当中的应用。利用交互式电子白板的丰富资源以及与各种多媒体教学手段的无缝对接，教师在课堂教学中可以创设符合教学需要的真实情境，为学习者提供强大的感受信息的支撑环境，使学习者对知识生成过程的理解更加灵活有效。交互式电子白板以其强大的交互功能，实现了师生之间、生生之间进行相互协作和会话，使得每一个学习者的想法都可以为整个学习群体所共享，同时，教师在课堂中能够根据学习的观点或学生的学习反馈信息，有序呈现相互关联的系列教学情境，从而实现学习者的意义建构。这样就更能够提高学生学习的积极性和主动性，从而提高学习者的学习效率。

（二）教学过程理论

教学过程理论由美国著名心理学家布鲁纳提出，以认知心理学和结构主义哲学作为理论基础。教学过程理论认为教学过程是学生发现学习过程，并且在这个学习过程中学生是以积极主动的态度进行的。教学过程理论将教学过程划分为四个基本阶段：带着问题学习和探索；提出假设寻求答案；评价与验证；得出结论。另外教学过程理论还指出学习者的学习行为应包括三个过程：新知识的获得、转换和评价。

交互式电子白板不同于其他多媒体技术手段的特点之一就是它的生成性，这一特性可以帮助教师在课堂教学中根据学生自身的学习掌握情况及在课堂上的反馈信息，及时对教学内容和教学思路进行调整，使之最大限度满足学生的学习需求，教师还可以在交互式电子白板上随写随画，随时删除、添加或修改相关内容，而学生也可以摆脱害怕出错而不敢发言的心理误区，可以大胆发散思维，开阔思路，畅所欲言。这一点对高中生物高效课堂的构建尤为重要，因为生物作为自然科学的一种，本身就是一个验证的过程，另外生物学科和人们的日常生活具有密切的联系，具有很强的鲜活性，因此在生物课堂中需要不断通过一些图片、视频材料来引入生活中的实例，学生需要对这些实例中所包含的生物学知识进行分析、讨论、阐述，要有自己独到的见解，敢于质疑和创新。

任课教师可以运用交互式电子白板的页面记录功能将学生们在课堂中提出的临场性的、生成性的观点和见解及时记录、保存下来，并引导他们朝着正确的方向继续讨论下去，从而把整个生物课堂变成一个学生可以进行思维碰撞、畅所欲言，进行知识探索、构建的场所。此时学生的学习过程就成为一个积极主动的过程，学生真正意义上成为课堂的主体，并且能够积极主动地参与整个学习过程，自主进行学习，获取知识。将交互式电子白板的这一功能融入生物课堂教学过程的四个基本阶段中，我们可以进行这样表述：任课教师首先可以通过对交互式电子白板多种功能的灵活运用预设出生物情境，让学生在问题指引下进入课堂学习，教师再带领学生在学习过程中进行假设、搜集资料、相互讨论、验证假设、得出结论，一步接一步找寻正确答案，获取知识。

（三）信息技术与课程的整合理论

信息技术与学科课程的整合是一项新型的教学结构类型，它在保留传统教学结构的基础上将其充分延伸，与传统的教学模式之间具有关联性和继承性，同时又具有自身的相对独立性。信息技术与课程整合的主旨要求，不能将信息技术简单作为助教、助学的工具，而是要切实有效利用信息技术所能提供的资源共享、多重交互、自主探究、合作学习等学习环境，调动学生主动参与学习的积极性，锻炼学生的动手实践能力与创新思维，培养社会所需要的创新性人才。

在以往使用多媒体技术手段进行课堂教学的过程中，信息技术和课程往往是被分割开的，交互式电子白板的出现就可以以其强大的功能从根本上改变这一现状，在交互式电子白板环境下的高中生物教学中，学生能够通过交互式电子白板所创设的生物情境来寻求相关生物学线索，解读概念，并能够通过交互式电子白板所创设的情景来进行合作、探究与交流，从而有助于学生正确思维方式和良好学习习惯的形成。使用交互式电子白板进行课堂教学可以实现信息技术与学科课程真正意义上的融合，使信息技术最大程度地发挥自身功效，在完成助学助教的同时还能够促进学生多方面能力的共同发展，进而为高效课堂的构建提供强有力的技术支撑。

三、生物高效课堂深度学习中交互式电子白板的运用方法

（一）运用交互式电子白板进行激情导趣

"教师教学时激发学生的兴趣是很重要的，只有学生的兴趣得到提高，他们才能有效

学习生物知识，获得生物技能的发展"①。教师需要积极地为学生创设激发情趣的情境，学生才能以一种积极的精神状态学习，效率才能得到提升。而利用交互白板的展示功能，能够有效增强视觉效果，使课程内容更为丰富有趣，同时，又能够突出学习重点和难点，使学生集中注意力解决主要问题，有效提高学习效率。此外，利用电子白板创设的较为真实的教学情境，能够把学生引入一个虚拟的世界，学生能够丰富主观感受，在原有知识和经验的基础上，不断产生想象和联想，获得新知识。

例如，在探究酵母菌呼吸方式的实验时，学生不清楚要用到几个锥形瓶，这些锥形瓶应该怎么连接、在何时连接，学生的动手操作欲望不强，要解决这个问题，教师可以引导学生利用交互式电子白板进行操作，在白板前，学生只需用手指拖动相应的模拟器材不断地进行尝试操作，就可以组装装置。在组装过程中，学生有成功也有失败，但即使失败了，学生可以重新操作，没有任何损失。因此，学生可以放手去做，在操作过程中，每成功一步，教师都及时加以肯定，不断增强学生的自信；如果失败，教师可以指导学生及时改正，或者引导学生互相指正，完成过程。这样，学生的动手操作能力可以得到有效提高。

（二）运用交互式电子白板创新教学过程

教学过程是学生接受知识、提高能力的关键环节，利用交互式电子白板可以有效创新教学过程，促进学生发展。在高中生物教学中，教师利用电子白板能够很好地处理 powerpoint 或 flash 课件无法交互的难题。

例如，学习"细胞增殖"的教学内容时，这其中最为抽象的就是有关减数分裂的过程教学，难以理解的教学内容，但也是教学的重点内容，学生必须掌握。这时，教师就可以利用电子白板自由选取与之相关的 flash 等多媒体动画材料，同时会生成一个便于操作的控制面板，能够很好地帮助教师对动画进行暂停、标注、快进、快退等操作，只要教师依据学生情况进行相应的操作就可以。如想要让学生更好地观察和理解有关四分体、染色体、姐妹染色单体、DNA 分子数目等内容时，就可以在动画播放到减数第一次分裂前期之时及时点下暂停按钮，这样，有效创新教学过程，使教学更为便利。

再如在教师讲解有关细胞的增殖时也可以借助电子白板将有关细胞分裂的前、中、后三张图片进行叠加，分别提高分裂前、分裂中图片的透明度，这样，就把一个细胞由一个分裂成两个的过程生动直观地展示给学生。同时，教师还可以利用这种教学手段对播放过

① 曹建：《巧用交互式电子白板 构建生物高效课堂》［J］，《理科考试研究》，2015 年第 9 期，第 90 页。

的教学内容进行回放，让学生重新观看这一动画过程，便于学生更好地掌握有关内容。

总而言之，在高中生物教学中，使用交互式电子白板具有积极意义，这种教学手段具有多种功能，可以有效促进教学互动，使教学更为简便，同时还可以丰富教学内容，促进学生认知发展和实践能力的提升，使学生在轻松状态下进行生物学习，提高学习效率，对于学生的发展和教学的进步具有积极作用。

第三章

核心素养下的高中生物深度学习模式

第一节　基于学历案的高中生物深度学习模式构建

学历案来自对教学专业的再认识。学习的本质是经验在深度或广度上的持续变化，即个体在原有经验的基础上通过自主建构或社会建构形成新经验的过程。儿童作为学习主体，完全可以自主学习。教师作为术业有专攻的教学专业人员，其存在是为了让儿童在新旧经验之间发生更顺利、更有价值的顺应与同化，即发生更好的学习。所谓"更好"意指至少要比儿童完全自主的学习学得更快、更多、更有意义，而且在教师的专业指导下，儿童会更想学、更会学。因此，教学专业的领地就在于教师如何帮助儿童把旧的经验建构成新的经验，或者说从经验的此岸过渡到经验的彼岸。

就学校教育而言，学习就是学生经验的变化，这种变化的实现有赖于经历一种有指导的学习过程。教学是教师的专业实践，其专业性体现在通过专业方案的设计、实施与评估，以规范或指导学生的学习过程，即引起、维持或促进学生的学习。基于这样的理解，我们可以重新认识学与教的关系：学主教从——从行为者的主次地位来看，学习是儿童的基本权利，永远是第一位的，教师的教是服务学生学习的；先学后教——从行为发生学的角度来看，教是以学为基础或前提的，没有学习，则无须教学；以学定教——从行为的专业性来看，教师所做出的任何教学决策都是以学为依据的，是基于学情的，不是"自作主张"的。

就具体的专业实践过程来看，称得上"专业"的实践一般需要有三个环节：专业方案的拟订、方案实施与结果评估。区分一项实践活动专业与否的首要标志是专业方案的有无。家长教育孩子是日常经验，没有专业的方案，故不属于专业实践；驾驶烹饪是职业，其实践活动之前无须制订专门的方案；而治疗、护理、诉讼、建筑等实践活动都有专门的方案，因而成为公认的专业活动。因此，决定某项实践活动专业化程度的依据首先是方案的专业化，因为预设的方案决定着后续的实施与评估。专业人员的标志之一就是首先要学会编写专业的方案。医师需要基于患者病症开处方，建筑师需要依据客户需求设计图纸，教师同样要根据学生学习需求编制教学方案。

一、基于学历案的高中生物深度学习模式构建意义

（一）走向高阶思维

深度学习的基本特征是重视高层次的思维和能力，深度学习的核心特征是高阶思维能力，所以是否培养了学生的高阶思维能力是检验深度学习成功与否的重要标准，也可以说深度学习实践的意义就在于促进学生走向高阶思维。高阶思维的发展需要高阶学习的支持，需要专业训练，在专业设计的活动中进行发现和探究，独立分析，解决问题，并且做出决策。目前，高中的学习部分停留在浅层学习层面，注重知识的识记而非知识的深刻内化。另外，部分高中教学科学性不足，不能根据学生的心智特点、发展规律和兴趣特点科学授课，深度学习正好可以弥补目前普遍存在的"不科学"与"不深入"的教育问题，并在一步一步进阶思维之后发展学生的高阶思维。

（二）走向核心素养

深度学习重视学生实践能力和解决问题能力的培养，与核心素养的部分理念不谋而合，都强调思维与应用。深度学习是深化基础教育改革的重要抓手和落实学生发展核心素养及各学科课程标准的实践途径。深度学习很好地契合了新课改提出的培养学生核心素养的理念，符合新阶段人才的培养要求。新阶段人才应该具备将知识活学活用的能力，批判性地接受知识，主动地内化知识并与真实情境相结合，最终在解决真实问题时表现出良好的能力。而深度学习聚焦的是接受知识与内化知识的详细过程，注重评价学生的详细思维过程和实践能力，从这点来看，深度学习能够培养和发展学生的核心素养，是学生提升自身核心素养的实现途径。

（三）走向高效课堂

深度学习造就高效课堂。深度学习是在创设的环境中实现高度投入从而进行高阶认知的有意义的学习，强调的是高度投入高度产出的高效学习。深度学习有利于学习者进行超越事实性信息的学习，带领课堂走向高效率的认知过程。深度学习的学历案设计可以引导老师和学生为课堂倾注更多的心血和精力，首先教师会在深度学习课堂准备过程中搜集更多的科学知识、生活知识，并设计有特色的教学活动，引导学生投入更多的思考，学生也会比之前更容易被课堂活动吸引，这是相互促进的一大过程，当课堂被重视的时候，课堂效率就会有很大的提升。当然，这也对教师的专业能力提出更高的要求。

（四）走向美好生活

深度学习淡化学习形式，直击问题核心，引导学生全身心投入学习，为发展思维和提升能力做准备，为直接应用架起桥梁，缩短合了生活与知识之间的距离，也减轻了知识应用于生活的难度，让学习首先为生活服务，也让创造更好地为社会服务。教育的目的应当是使人摆脱愚昧、开发智力，成为身心健康、积极阳光的人。教育改革的核心观念是"以人为本"，这一理念也是教育的立足之本。深度学习改变传统教师授课模式，通过引导学生进入深度情境下的单元主题学习，更像是一种探索和虚拟旅行，更加注重学生的本体感受，这对改善传统师生关系，提高学习效率，发展思维能力有积极意义。

二、基于学历案的高中生物深度学习模式构建过程

学历案是指教师在班级教学的背景下，为了便于学生自主建构或社会建构经验，围绕某一相对独立的学习单元，对学生学习过程进行专业化预设的方案，这种专业化体现在深度学习机会的创造、提供、分配、利用与反思的设计上。基于学历案的高中生物深度学习模式构建包含了四个要素，也是深度学习的四个环节，分别是选择单元主题、确定单元学习目标、设计单元学习活动、开展持续性评价。

第一，选择单元主题。在生物学习中，要根据内容的先后顺序选择单元主题，有了之前的知识储备，此时加入新内容和具有一定难度的问题，学生们也能很快进入情境并思考和讨论，那么教师引导学生建立进阶思维，同时培养高阶思维能力就会容易很多。

第二，确定单元学习目标。学习目标、课堂问题与活动设计并不是教师主观完成的，而是要根据一定的标准进行设计，使学生在学习过程中既能达到学业要求和课程标准，又能发展关键能力和必备品格。

第三，设计单元学习活动。在进行教案设计的过程中，需要注意的一点是教师既要遵循授课内容的科学性又要追求趣味性和发展性，趣味性要求教师精心设计有趣环节或精彩的表述语言，教师可以参考网络资源中的流行语句以及趣味性的科学普及知识等；发展性意味着教师需要加入当下时兴的相关问题，开阔学生视野，发展学生分析与解决问题的能力。同时，学历案中问题的设计也至关重要，这些问题既引导学生的发现过程，又在基本的课程标准之上梳理了进阶思维，以发展学生的高阶思维能力。

第四，开展持续性评价。对学历案中的问题和课堂思维展现进行评价，需要教师根据

SOLO 分类理论①将不同深度的问题进行梯度赋分，这样可以将学生的深度学习程度划分出来；然后记录学生表述的思维过程，着重研究课堂对话，并通过学生提出的问题判断学生的思维等级以及将要达到的思维层次。在授课过程中考虑到部分学生因为害羞等原因不愿意表述思维过程，于是在学历案与问卷部分均有留白，让学生提出自己的想法或困惑，这部分内容也加入对学生的深度学习评价效果中。

三、基于学历案的高中生物深度学习模式构建策略

（一）构建深度情境

建构深度情境与生活化学习有所不同，深度情境建构更类似于整合课程，深度学习情境的创设以整合课程为第一目标，然后最大限度地唤醒学生的主动性。深度情境的创设也是一堂好课的基本条件，整堂课在良好的氛围中进行，各环节衔接紧密，逻辑顺畅，思路清晰，加之教师课前针对学生的设计与备课理解，在整合知识的基础上赋予整堂课满满的生命动力，故也是艺术性的一课，通过情景创设极有可能形成教师自己的教学风格和鲜明特色，对教师成长和发展大有裨益。

深度情境的创设需要依据课程标准，确定学习目标，选定学习单元，搜集支撑材料，设计逻辑体系，罗列梯度问题，整合相关内容，在对知识进行再创造的时候，为达到知识内部深度和广度联结并将其赋予到真实的情境。在设计情境时，要产生问题需求就必须释放一部分的学习容量，被释放的学习容量应当是教材中已经呈现出来的知识点，例如"构成 DNA 的四种核苷酸分别是什么"这一类的陈述性知识点，而这类知识点如果被教师在课堂上赘述，不仅压缩学生有效学习的时间，而且会分散学生兴趣，降低学习激情。创设问题情境，让学生同时作为医生、农学家、科学家或生物学家来共同解决一个具有挑战性的问题，在这个时候学生之间就形成一个团队，有了一个共同的目标，让学生之间进行思维碰撞。

（二）开展研究性学习

研究过程即是历史上科学家的探索发现之旅，人类文明从无到有，天文地理、社会纲常、水利农业、医律政法，均是人类的探索发现和研究传承，最后变为文明的瑰宝熠熠闪耀在历史长河中。"研究"便是探寻发现的足迹，掌握那一套从混沌的纷杂现象中剥离出

---

① "SOLO"，是英文"Structure of the Observed Learning Outcome"的缩写，意为：可观察的学习结果的结构。

本质的科学思维和方式方法，这就是研究性学习的意义。研究结论是客观公正的说法，是能够解释相关现象的证据，这便是科学得出的事实。研究性学习的实施首先注重学生的体验，当时是属于社会实践活动的实施策略；其次，强调培养学生们迁移应用、交流合作、解决问题的能力；最后，其落脚点为培养学生的科学思维和研究能力，培养学生们对社会的责任感和使命感。

（三）开展反思性学习

"反思是对自己思维过程、思维结果进行再认识的检验过程，反思性学习属于教育心理学中的元认知理论"[①]。元认知由美国心理学家弗拉维尔提出，即对认知的认知，具体来说是个人对自己的认知过程及结果的意识和控制。反思性学习是对已完成的学习过程结合学习效果总结得出学习经验，内化为自身学习的方式方法；对当下的学习过程进行积极主动的调控和批判性审视；对未来的学习进行创造性的预见，采用高效率的活动方式完成学习。

反思性学习对深度学习来说是必不可少的策略之一，反思性学习最基本的特征是自主调控学习过程，强调的也是学生的主动性和有意义学习，重视的是学生的学习质量和高质量思维的培养。反思性学习在高中阶段的学习中十分重要，教师应当引导学生注重对知识本身的理解。

第二节　基于概念图的高中生物深度学习模式构建

概念图是由诺瓦克教授和同事根据奥苏贝尔的有意义学习理论提出的，也被称为概念构图、概念地图、心智地图和思维导图，他们都属于概念图的范畴，在此我们不进行区分，统一把他们称为概念图，选取有代表性的概念图概念进行总结。

一、概念图在高中生物深度学习模式构建中的功能

概念图是用来组织和表征知识的工具，通常将与主题相关的概念用图和线的方式连接起来，能够形象表达概念之间的关系。概念、命题、交叉连接和层级结构是概念图的基本特征。其中概念是描述事物本身的规则属性，一般用名词和符号对它进行标记；命题是对

---

① 孙丽霞：《高中生物深度学习模式构建与实践路径》[M]，长春：吉林人民出版社，2021 年第 8 期，第 51 页。

事物现象、结构和规则的陈述；交叉连接是表达概念之间的相互关系；层级结构是呈现概念的方式，一般总结性概念在上，从属性概念在下。随着概念图在教育领域中的作用日益突出，已经应用到政治、历史、英语、物理、生物等各个学科，综合概念图在教学当中的应用，概念图有如下功能：

第一，概念图作为教学工具。概念图作为一种图标表征知识的工具，能把概念之间的关系清晰地呈现出来，组成一个系统的知识网络，方便学生理解和应用知识。教师在备课之前，运用概念图设计教学方案，可以帮助教师整理教学思路，将知识以简明扼要的形式呈现给学生，进而帮助学生学会学习。

第二，概念图作为学习工具。学生在记笔记的过程中，通常难以兼顾老师讲的内容，造成学生听课和记笔记之间有矛盾，抓不住学习的重点，而学生借助概念图工具记笔记，不仅可以增加对知识的深层理解，还可以解决听课与记笔记之间的矛盾。同时，学生也可以运用概念图工具帮助自己建构知识，加深对知识的理解，促进学生对知识的迁移和应用。

第三，概念图作为交流工具。在课堂上，教师运用概念图教学，能使学生明确概念之间的关系，加强学生对知识的理解和掌握，促进师生以及学生之间的交流和合作。另外，学生在绘制概念图的过程中，遇到难以理解的问题，可以一起交流讨论，积极表达见解或者想法，有利于问题解决和形成良好的师生关系。

第四，概念图作为评价工具。教师通过学生绘制的概念图了解学生对知识的掌握程度，方便教师因材施教，修改教学内容，促进学生深度学习。因此，将概念图作为工具引入教学评价中，能够弥补传统评价手段的不足，是一种有效的评价工具。

第五，概念图作为反思工具。教师和学生在制作概念图的过程中，通过对概念图进行补充、修改和完善，促使教师反思教学，学生反思学习，并对教学和学习进一步改善，进而学会自我导向学习。

二、基于概念图的高中生物深度学习模式构建理论

（一）元认知理论

20世纪80年代，元认知概念由心理学家弗拉维尔最早提出，元认知是认知主体对自身心理状态、能力、任务目标、认知策略等方面的认知，同时也是认知主体对自身各种认知活动的计划、监控和调节。后来，现代认知心理学家将反思纳入元认知概念的范畴。元认知理论认为，学生可以通过反思等元认知知识对自己的学习过程和思维活动进行监控和调节，能够及时发现学习过程中存在的问题，并及时修改其中的不足，从而加深学生对复

杂知识的深层理解，进而建构新的知识意义，并用到真实情景中解决复杂问题，最终达到深度学习。

概念图作为一种组织和表征知识工具，学生可以通过图和线的方式，将头脑中学习到的新知识与已有知识建立联系，并将头脑中的隐性知识可视化出来。学生通过对自己绘制的概念图进行观察，可以了解其中存在的问题和不足，并及时修改完善，从而促进学生深层学习。在概念图促进高中生物深度学习的过程中，深度学习与元认知之间有着相互促进的关系。一方面，元认知可以促进学生进行深度学习。学生通过元认知知识及策略来调整自身的学习过程和思维方式，能够发现其中的问题和不足并及时修改，促进学生对知识的理解与批判，重新建构学生的知识结构，解决实际中存在的问题，从而实现深度学习。另一方面，深度学习也可以促进学生元认知能力的提高，深度学习中通过反思来发现存在的问题并解决的同时，学生的元认知能力也会得到相应提高。

（二）分布式认知理论

传统的认知理论只关注个体内部的认知，忽视了社会文化因素对人们认知活动的影响。赫钦斯从复杂计算系统中对认知现象进行研究，提出了认知是分布式的。认知现象不仅包括个人头脑中所发生的认知活动，还涉及人与人之间以及人与技术之间通过交互实现某一活动的过程。分布式认知是认知科学的新分支，借鉴了认知科学、认知人类学和社会心理学的理论和方法，认为要由参与者全体所组成的功能系统的层次来解释认知现象，个体的分析单元不能看到认知现象。分布式认知概念包括两层含义：分布式认知是一个包括认知主体和环境的系统或者是一种所有参与认知事物的新分析单元；分布式认知是一种认知活动，也是对内部和外部表征的信息加工过程。

概念图应用于高中生物教学中，教师要想促进学生对知识的深层理解，需要营造积极的交流讨论氛围。在高中课堂上，教师运用概念图进行教学，学生可以对教师概念图上的内容交流讨论，加深学生对知识的理解与批判。同时，学生在制作概念图时，也会遇到难以理解的问题或者观点，通过交流讨论促使学生达到知识的深层理解。

所以，概念图促进高中生物深度学习要求学生在生物学习的过程中，针对教师讲解的内容进行交流讨论，学会用批判性的眼光看待问题和知识，努力发现其中的不足并及时修改，在已有的认知结构上建构新的知识，迁移应用到真实的情景中解决问题，从而提高学生的高阶思维能力。

三、基于概念图的高中生物深度学习模式构建与设计

（一）高中生物深度学习模式构建前期的分析

1. 高中生物课程与生物教学的分析

（1）高中生物课程提倡探究性学习。生物科学是在人们不断地进行科学探究的过程中，形成和发展的丰富生物理论知识体系，包含了生物学的基础知识、研究方法和思维方式等。而高中生物作为生物科学的核心课程之一，遵循了探究生物科学的基本思想，注重学生自主探究，领悟生物学家的观点，在经历提出问题、分析问题和解决问题的过程中，获取生物学知识，养成质疑、求实、创新的态度，发展学生终身学习的能力，提高学生生物学科核心素养。

（2）高中生物课程提高学生学科素养。生物科学素养是学生将学到的生物学知识应用于生活中，解释发生在身边的生物学现象的能力。可以从生命理念、理性思维、科学探究和社会责任四个方面理解生物科学素养，学生在学习中得到这四个方面的提升，反映学生对生物学内容的掌握和应用水平。培养学生生物学科素养是高中生物课程的价值，要求学生在高中生物学习的过程中，能够发现生物学问题，进行交流讨论，引发学生深入思考，较好地理解生物概念，养成理性思维，提高学生学科素养。

（3）高中生物课程注重理论与实践相结合。高中生物课程注重学生在探索生命活动规律中获取生物学知识，并能够运用已有的知识进行思考，掌握科学的探究思路和方法，解决现实生活中的生物学问题，例如水稻田定期排水、创可贴要透气、伤口较深时要打破伤风疫苗等，将理论与实践结合，加强学生对生物知识的深层理解，提高学生解决问题的能力。

（4）高中生物课程通过评价促进学生发展。高中生物课程设计以生物学核心素养为目标，通过教师研读学业质量标准，把握高中生物课程教育目标，明确评价教学和育人价值，实现从内容本位、学科本位和学生发展本位为目标的评价理念，处理好评价与学生的发展关系。所以在评价学生的过程中，高中生物课程不仅关注总结性评价，更应关注过程性评价，发挥好评价的诊断作用、激励作用和促进作用，能更好地了解学生发展的需求，从而更深层次地学习知识。

2. 高中生物的学习者分析

"高中学生有意记忆逐渐占重要地位，但无意记忆仍然比较明显，主要表现在对高中生物概念、原理和规律的记忆，对生物现象的变化还是以无意注意为主"[①]。大部分学生仍采用

---

① 孟莉华：《概念图促进高中生物深度学习的实践研究》[D]，开封：河南大学，2018年，第32页。

机械记忆，考试以背诵概念原理为主，缺乏有意记忆的引导。生物学习以观察、实验为主，在获得感性材料的基础上，经过抽象思维才能得出生物原理和规律。但是高中学生的心智日渐成熟，动手能力和独立思考能力增强。在思维和心智成熟的情况下，高中学生逐步摆脱直接经验和直观形象等限制，从而形成自我的认知风格。在这个年龄段，高中学生已经掌握了信息技术的基本理论知识，具有扎实的信息技术技能，他们能根据自己的学习需要，学习各种计算机软件，进而更好地学习。随着学生求知欲的增强，他们需要概念图填补这个缺陷，概念图的制作方式有两种：一种是手绘制作，一种是软件制作。由于计算机软件绘制的概念图比较美观，方便携带，大部分学生都很喜欢用计算机绘制概念图。

（二）概念图促进高中生物深度学习的流程设计

概念图促进高中生物深度学习的流程主要包括预评估、启动原有知识获取新知、深度加工、评价反思、创造几个步骤，其中获取新知又分为选择性知觉、整合信息、批判性分析三个环节，深度加工分为知识建构或知识转化、迁移运用两个环节，将其融入一般课堂中的教学过程，与教学过程中的导入环节、讲授环节、巩固练习环节、总结反思环节一一对应，层层递进，逐步使学生达到深度学习。

1. 预评估

学生进入课堂之前，通过生活经验、媒体传播和亲身实践，对一些生物现象和概念有了初步认识，就已经形成了前概念。例如，鱼都会游、狗都会跑、人都会走等。奥苏伯尔曾经在《教育心理学认知观点》中指出，学习者已经知道了什么是影响学习的唯一重要的因素。说明预评估学生的前概念，即学生的原有知识和经验，对教师来说是非常重要的。从深度学习的角度来看，学习是学习者在已有知识的基础上主动建构知识的过程，所以了解学生已有的知识经验是教师教学与学生学习共同的起点。教师在讲课之前，利用概念图作为先行组织者，评估全班学生的学习需求和知识水平。一方面教师可以根据概念图了解学生对知识的掌握程度，方便教师开展教学；另一方面学生通过概念图可以帮助自己回忆原有的知识经验，了解所要讲的新课，还能明确学习目标，激发学生学习生物的兴趣。例如，在"ATP 的主要来源——细胞呼吸"一节中，教师要求学生将空缺的概念图填写完整，评估学生对细胞呼吸知识的了解程度，从而在教学中实现对学生头脑中概念的转化。

2. 启动原有知识

预评估后，教师根据概念图评估的结果，选择是否需要补充或启动学生与新课相关的原有知识或经验，为帮助学生在新旧知识之间建立联系做好准备，促使学生对新知识的理解和掌握。在教学中，教师一般通过联系生活实例、日常经验和创设问题情境的方法启动原有知识。例如，在"ATP 的主要来源——细胞呼吸"一节中，教师在讲解细胞呼吸之前，让学生做一下深呼吸，感受一下自己的呼吸。思考人体呼吸与细胞呼吸是否一样，帮助学生将呼吸作用和细胞呼吸之间的知识建立联系，以此加强学生对细胞呼吸知识的理解。

3. 获取新知

（1）选择性知觉。在获取新知识时，学生并不是完全被动地接受教师传授的知识，而是在原有经验基础上，有选择性地接受知识，并把他们暂时存储在大脑中，为深度加工知识做好准备。在教学中，如果教师讲授的知识是零散的、无联系的，会使学生分不清自己要学习的重点，造成学习效率低下，达不到理想的教学效果。概念图用于教学，可以把概念之间的关系直观形象地表达出来，将一些零散的概念进行连接，说明建构系统的知识网络，能使学生清楚地了解自身的知识脉络，进而选择需要的知识进行重点学习。所以，在讲授新课时，教师可以运用概念图设计教案，然后围绕这个教案进行教学，能更好地说明学生梳理知识结构，选择需要接受的知识学习。例如，在"ATP 的主要来源——细胞呼吸"一节中，教师围绕细胞呼吸的概念图教案进行讲课，吸引学生的注意力，帮助学生有选择性地学习。

（2）整合信息。在整合信息这个阶段，学生将学习的新知识与其认知结构中已有的知识进行联系，以促使学生对新知识的深层理解。深度学习也强调在理解的基础上，批判性地获取新知识，并能将新旧知识一起整合到原有的认知结构中，进而建立这些知识之间的联系，加深学生对新知识的理解和掌握。概念图作为一种图标表征知识的工具，能将学生头脑中的知识系统呈现出来，说明学生建立知识之间的联系，形成一个完整的知识网络。在获取知识时，学生是围绕教师的概念图教案进行学习，能够清晰、直观地理解概念之间的联系，并将所学的知识加以整合。

（3）批判性分析。深度学习是学生在理解的基础上批判性地学习，主要强调对知识的批判理解，要求学生用批判或怀疑的态度看待学习的新知识，而不是一味地接受书本知识或教师讲授的内容。在学习生物的过程中，教师引导学生从不同的角度分析问题，并鼓励学生以批判态度看待教师制作的概念图，努力发现其中的不足或者可改进之处，促使学生对新知识的深层理解。

4. 深度加工

（1）知识建构或知识转化。经过之前的学习，学生对新知识已经有所了解，但有些学习活动还处于浅层学习层面，还需要学生将所学的知识进行建构或转化，进一步深度加工。知识建构是学生对知识经验进行双向建构的过程，一方面是对新知识进行建构；另一方面也是对原有知识的改造和重组。在这个过程中，概念经常会发生转变，而概念转变又是深度学习的最终结果。因此，知识建构是实现深度学习的重要环节。所谓知识转化是学生通过变式练习将知识转化为技能的过程，并通过运用发展学习的新技能。知识转化的目的是将学到的知识形成技能，用来解决实际问题，深度学习的目的也是将学习到的知识灵活运用，解决现实生活中遇到的复杂问题。所以，知识转化是学生实现深度学习的关键环节。

可以说，知识建构或知识转化是实现深度学习的重要标志。通过知识建构或知识转化这个环节，在一定的程度上实现了深度学习。概念图可以作为学生学习工具，在获取新知识后，对新课知识已经初步掌握，教师引导学生根据所学内容和对知识的理解绘制概念图，绘制概念图的过程正是学生对所学知识进行重排、组织和转换内化为自己知识的过程，有效地帮助学生在新旧知识之间建立联系，形成系统的知识网络，加深学生对新知识的理解和掌握。例如，在"ATP 的主要来源——细胞呼吸"一节中，新课结束之后，教师要求学生绘制细胞呼吸概念图，说明建构知识网络，加深学生对知识的理解。

（2）迁移运用。迁移运用是实现深度学习的重要特征，要求学生对所学知识举一反三、触类旁通、学以致用，并能够将所学到的知识应用到真实情境中解决复杂问题，进一步巩固学生所学习的知识技能，加强学生对深层知识的理解。为了更好地实现学生对知识的迁移运用，教师可以提供一些习题，引导学生运用概念图上的知识解决习题中的问题。例如，在"ATP 的主要来源——细胞呼吸"一节中，教师让学生用概念图绘制出细胞呼吸的过程，回答以下问题：为什么粮食储存前要晒干？为什么贮存蔬菜需要保持低温？再次对知识进行深度加工，促进学生对知识的迁移运用。

5. 评价反思

为了确保学生实现深度学习的目标，需要教师引导学生进行评价反思，使学生认识到学习过程中存在的问题和不足，并鼓励学生及时修改，不断完善学生的知识结构，加深学生对知识的理解和掌握，促进学生对知识的迁移运用，最终达到深度学习的目标。概念图作为评价、反思工具应用于教学，一方面教师可以通过学生绘制的概念图，了解学生对知识的掌握程度，以便调整自己的教学方法并改进教学过程，促进学生进行深度学习；另一方面学生可以通过自己绘制的概念图，检查自身知识结构的完善状况，及时发现概念图中存在的漏洞和缺陷，不断补充、修改和完善概念图，以此加强学生对知识的理解和运用。例如，"ATP 的主要来源——细胞呼吸"中，教师引导学生通过自评和互评的方式对概念图进行评价，让学生了解自己的学习情况，发现学习过程中存在的问题，促使学生对深层知识的理解。

6. 创造

创造是实现深度学习的终极目标，创造性思维是促使学生深度学习培养的重要能力，需要教师引导学生对评价反思的结果进行修改和完善，有助于激发学生创造灵感，培养学生的创造性思维，保持深度学习的长久性。学习活动结束后，教师引导学生对概念图评价反思的结果进行修改和完善，再次帮助学生厘清思路，重新建构知识结构，获取新的认识，提高学生创造力。

第三节　基于微专题的高中生物深度学习模式构建

目前生物高考越来越注重学科内的综合，注重学生能力的考察。为提高学生的学科能力、学科素养，教师要打破按章节复习的模式。鉴于此，本书将微专题复习法引入高考复习中，使学生的生物学知识系统化、网络化，进而提高复习效率。"微专题"是指针对某一具体的知识点或能力点，从该知识点的基本概念、原理或规律入手，构建知识结构，实现知识的迁移、整合，并能运用基本概念和原理解决实际问题的一种复习方法。基于微专题的高中生物深度学习模式构建策略如下：

第一，利用教材中的核心概念构建微专题。核心概念是生物学理论的基础和精髓，也是思维过程的核心。例如，为了让学生更好地掌握高中生物教材中的各种酶的功能，在复习时可以构建以"高中生物教材中酶"为题的微专题，通过构建该专题可以复习热稳定性聚合酶（Taq 聚合酶）、限制性核酸内切酶、DNA 连接酶、DNA 聚合酶、RNA 聚合酶、解旋酶、纤维素酶、果胶酶、胰蛋白酶等的功能、特性、影响因素、相关曲线等。

第二，利用教材中的插图构建微专题。"教材插图是生物课本的第二语言，它作为一种直观的视觉信息和教学媒体，是生物教材内容的有机组成部分，它传递着与教材内容相关的丰富信息，能很好地揭示生命现象的复杂性和多样性，不同生命现象之间的联系性，生物与环境之间的统一性等问题，有着语言文字无法比拟的直观、简洁等特点"[①]。历年的生物考试说明都要求学生能用文字、图表以及数学方式等多种表达形式准确地描述生物学方面的内容。

第三，应用模式生物构建微专题。生物学家为揭示某种具有普遍规律的生命现象，往往通过对选定的生物物种进行科学研究，这种被选定的生物物种就是模式生物。生物学中

[①] 祁永青：《摭谈"微专题"在高中生物复习课中的实践应用》［J］，《中学生理科应试》，2020年，第51页。

常见的模式生物有果蝇、酵母菌、小鼠、斑马鱼、拟南芥等。在高三复习时可以构建以"果蝇"为题的微专题，从而复习基因分离定律、自由组合定律、伴性遗传等知识点。

第四节　自然分材教学下的生物深度学习模式构建

一、生物深度学习中自然分材教学的认知

"自然分材教学（简称自分教学）是华东师范大学熊川武教授根据我国教育实际提出的一种教学理念与教学形态，核心内涵是教师让学生根据自身的基础与能力的差异自然分化，指导学生充分发挥主动性去学习解决自己的问题的教学理论与实践形态"[①]。其课堂教学形态是基于一定的文化背景下，以问题导向贯穿课堂，在课堂教学过程中含有情感调节、自学、互帮、释疑、检测等环节。课堂开始由"情感调节"为当堂课奠定学习氛围与文化背景，整个教学过程主要通过小组合作的模式，通过学生之间的互动，学生与老师的互动，从而使学生自主探究知识，在教学中既能激发学困生的兴趣，也能够对学优生进行锻炼与发展。

自分教学的内涵是尊重学生差异、理解学生差异并调控学生的差异。由于家庭与生长、学习环境的不同，学生之间在学习能力、学习习惯与学习动机等方面都存在着一定差异。自分教学强调在教学过程中不能无视这些差异对所有学生"一概而论"，而应在教学教育过程中正视这些差异。这些差异表明，学生的学习效率、学习投入程度与学习收益与自身的学习习惯、学习动机等因素有一定的联系，而这种联系既可以是积极的也可能是消极的。教师应在教学过程明确差异对学生的意义，在教学中促进积极联系，避免消极联系。而差异的变化也在一定程度上反映学生的学习情况与发展，教师应掌握学生的差异变化规律，进而去调控学生的差异。虽然差异是不可消除的，但自然分材教学倡导教师可以在教学过程中采用不同的教学策略与手段去调控差异，即在协调的基础上减少差异对学习的消极影响。

（一）自然分材教学的结构

自然分材教学的课堂教学是在问题导向原则的指导下，针对问题的产生与解决的过程

[①]　余雅华：《用自然分材教学促进深度学习的高中生物学课堂构建研究》[D]，长沙：湖南师范大学，2019年，第6页。

（自然分材教学中将"问题"简称为"疑"），其课堂教学结构首先由"情感调节"环节为当堂课奠定学习氛围与文化背景，接下来由"自学（寻疑）""互帮（同伴答疑）""倾听（教师释疑）""群言（辨疑）""练习小结（测疑）"五环节构成，这些环节可以根据具体教学内容与教师的教而学安排改变顺序或增减步骤，各个环节的主要内容与设置目的如下：

1. 自学（寻疑）环节

自学环节的设置目的在于让学生学懂可以独立理解的简单问题，找出不懂的问题即"寻疑"。通过该环节，能够提高学生的课堂参与感，既培养了学生的自学能力又保证课堂是学生怀有疑惑的前提下进入后续的学习。

区别于课前预习，自然分材教学中的自学环节是在课堂上进行，具备有监督、有指导的特征。首先，课堂上在教师监督下的自学要求学生更加投入与专注；其次，教师的指导使学生的自学更加高效；最后，自然分材教学中的自学存在"知者加速"即已经学会的同学继续进行拓展内容的学习，通过"知者加速"让不同层次学生的能力都得到发展。

自学环节要求教师在备课时制定好"指导自学书"，即自学内容与自学方法的说明与引导。其具体内容包括自学内容、自学方法、自学要求与知者加速内容。在课堂上学生依据自学指导书对本堂课内容进行自学。自学环节中自学内容的设置是本环节的要点，教师安排的自学内容既是本节课的重点，在难度上又是适合大多数学生的。知者加速的内容则是对自学内容的进一步拓展，为自学能力较强的学优生提供完成自学内容后继续深入拓展学习的内容与方向。

2. 互帮（答疑）环节

互帮环节是指导小组成员相互帮助，"惑者"提出疑问，请"知者"解答的环节。自学过程中学生产生的问题较多，全由教师讲解存在时间不足的问题。互帮环节则让学生互助解答简单问题，小组成员都不会的共性问题写在课堂展示本上，教师巡视观察后在释疑环节进行讲解。

互帮环节有以下准备与要求：①将班级成员进行分组，每组成员4~6人，形成相对稳定的互帮群体；②合理分组，各小组都有不同层次的学生，小组成员分工合理，做好小组建设、组内氛围和谐；③在互帮环节老师要安排明确的互帮目标和具体互帮内容；④互帮时间设置合理，能让学生充分思考讨论，又不浪费教学时间；⑤讨论结果有展示，各小组的互帮成果应该接受教师检查，依据情况对部分典型或全部成果给予展示。学生互帮讨论时，通过口语表达讨论容易出现转移注意力、分散话题的情况，因此借助课堂展示本，不仅能通过在展示本上书写演算提高互帮成效，还便于教师进行监控与检查。

3. 倾听（教师释疑）环节

在自学环节的基础上，教师对学生普遍存在的共性问题进行讲解，启发引导学生解决疑惑。

4. 群言（辨疑）环节

群言（辨疑）环节在实践后被优化为"邻座互说"。群言（辨疑）环节原来为让学生在小组内阐述自己对课堂重难点的理解，让同学"监听"帮助自己辨识是否真正做到理解。由于在实践操作中不易进行监督，后优化为"邻座互说"即实践中要求学生全体起立，以相邻两位同学为单位，其中一位合上书本向邻座说出自己对本节课的重难点（或教师要求掌握内容）的理解，另一位对照书本进行检查，完成后邻座互换角色，分别对本节课的内容进行阐述、反思。

5. 练习小结（测疑）环节

练习小结环节首先通过适当的课堂练习巩固与检测知识，进而对当堂课重难点进行总结，教师可以通过概念图、知识树、罗列重点知识等方式帮助学生对本节课内容进行总结、归纳，与旧知识建立联系。

（二）自然分材教学的原理

第一，感情先行原理。浓厚的学习兴趣驱使学生刻苦钻研。因此，自然分材教学提倡要注意感情先行，激发学生的学习动机，调动学生的学习兴趣。这要求教师做到：认真钻研教学业务，提升自我的人格魅力与工作魅力，关注缺乏学习兴趣的学弱生。首先，教育不仅是一门科学更是一门艺术，这就要求教师不断学习钻研业务，重视教学方法的创新，提高自身教学水平，以满足学生的求知欲。其次，教师具备较高的人格魅力与工作魅力，是激发学生学习兴趣的有效途径。亲其师，信其道，教师具备较高的人格魅力则更容易获取学生的信任与喜爱，学生在课堂上也更为专注认真；而具有工作魅力的教师则让课堂更加灵活生动。最后，重点关注缺乏学习兴趣的学弱生，在课堂上不断激发该部分学生的学习热情，引发兴趣活动，这是提高学生学习效率的关键。

第二，知者加速原理。自然分材教学要求教师在教学中要督促"知者"即掌握当下教学内容的学生继续学习而不坐等他人，教师为其提供需要继续完成的学习任务或学习方向或让"知者"根据自身需求选择学习内容，教师督促其进一步进行拓展学习，发展其自学能力。

第三，抓大放小原理。"大"指的是教学中的重难点与学生呈现的普遍性问题，"小"指的是学生可以自行课后进行的补充拓展内容。自然分材教学提倡在教学过程中重点落实教学重难点及学生呈现的普遍性问题。这一原理要求改变传统教学中强调教师"系统讲解"的观点，代之以"启发点拨"，即不在课堂上"满堂灌"，将所有知识由教师进行讲解，而是重点落实重难点与共性问题，引导学生在学清重难点问题的基础上，能够举一反三进行知识迁移。

（三）自然分材教学的特征

1. 立足合作，加强沟通，改善学习环境

自分教学提倡教学过程中将班级成员进行分组，班级活动以小组为单位开展。这样既加强了小组成员之间的沟通合作，又在引导小组间形成良性竞争的同时提高了学生的学习积极性。首先，以小组为单位进行教学与管理，有利于提高学生的学习与探究能力，在组内成员互帮的过程中既促进学困生进步又有助于学优生巩固提升，促进对知识的表达与应用。其次，以小组为单位进行教学与管理，在合作学习中通过知识梳理与表达培养理性思维，通过思考与讨论培养批判精神。不仅如此，小组合作也促进了学生的交流，培养学生的人际交往能力。

2. 问题导向充分体现出学生的主体性

区别于传统课堂教学，自分教学的本质是教师让学习内容随学生的能力自然分化，这决定了自分教学的课堂是采取问题导向的。即在课堂教学中具体教学是基于本节内容的大概念上围绕学生的问题开展的。相较于别人提出的问题，学生自己发现问题是更有价值的，这是学生在课堂上发挥了主观能动性的结果，问题中体现了学生认知上存在的问题，使得教学更具针对性，也能够让学生"学会学习"，在不断发现问题的过程中能够抓住重点与学习方法，因此能加速学生综合素质的发展。自分教学强调且鼓励学生发现并提出问题，但不否认教师提出问题的必要性。在学习过程中，学生忽略重点问题时教师可给予提问与启发。

3. 尊重差异，促进全体学生齐发展

传统的课堂教学大都用同样的内容和问题来对所有学生进行教学，这种模式忽视了学生的差异，学困生跟不上，学优生学不够，难以做到全体学生都发展。而提倡尊重学生的差异并正视差异调控差异，让每个学生根据自身情况进行学习，在互助中学困生的问题得以解决，在知者加速中学优生进一步学习探究，这样，既保障了知识的学习，又促进了能力的锻炼。

二、自然分材教学下生物深度学习模式构建的可行性

（一）自然分材教学强调感情先行，激发学生的学习动机

自然分材教学强调情感先行。首先提倡教师通过塑造良好品质与钻研业务提升个人魅力与工作魅力。具备个人魅力的教师更受学生欢迎，而对教师的喜爱则是促进学生对课堂学习的重视与兴趣的有效因素。而具备工作魅力的教师则能塑造精彩生动的课堂，吸引学生的注意力，增强学生课堂学习的投入程度。其次，自然分材教学中的情感调节环节能够通过生活案例、视频素材等方式激发学生学习兴趣与学习动机。而具备适当的学习动机与较高的学习投入是学生在课堂上实现深度学习的基础。因此自然分材教学能够在学习动机与投入方面促进深度学习。

（二）自学环节有监督、有指导，提高学生的学习效率

课前完成的预习和自学在缺乏监督和指导的情况下，成效难以得到保障，学生更难进入深层次的学习状态。而自分教学中的自学环节不同于传统教学的课前预习，也不同于翻转课堂中的课前自学，其具备以下三个特征：第一，自学有监督。自分教学中的自学环节在课堂上进行，通过教师的监督与班级学习氛围的影响，促使学生在自学过程中更加专注。第二，自学有指导。自分教学的自学环节不是无目的无任务无指导的自学，而是通过自学指导书指导学生如何自学。第三，自学内容有规划，自分教学的自学环节不是把整堂课所有内容都进行自学，而是根据老师安排教学的需要，选取适当内容进行自学。通过有监督、有指导、有规划为基础的自学环节，保障课堂是基于学生理解的课堂，学生通过该环节解决可以解决的简单问题，对本节课的内容有了理解，带着疑惑进入难点的学习。

因此自然分材教学的自学环节既为学生提供自主学习的机会，锻炼学生的自主学习能力，提高学生的学习效率，促进学生对知识的理解，保证课堂在学生通过自学进行理解产生疑惑的前提下进行。而深度学习要求学生以理解为基础，能够采取多元化学习方式进行学习。所以自然分材教学能够从自主学习方面促进学生的深度学习。

（三）合作互帮环节促进高中生物教学的合作探究

合作互帮环节为学生提供交流与合作的机会，在分工合作中促进对知识的理解，在表达与交流中发现问题，培养合作探究能力。合作探究是实现深度学习的学习策略之一，通过合作学习能够帮助学生更好地对知识进行理解。因此，自然分材教学能够通过合作学习促进课堂上学生的深度学习。

（四）群言（邻座互说）环节培养学生质疑反思精神

群言即邻座互说环节在学生的总结表达中培养自我反思的习惯，在倾听与检验中培养批判与反思精神。深度学习强调学习的过程不是机械式的应激反应，被动地直接接受新知识，而表现为能对学习内容进行思考、能够参与讨论提出质疑，在学习新知识的过程中形成具备批判质疑精神与创造力的高阶思维。因此自然分材教学能够通过邻座互说环节促进课堂上学生的深度学习。

（五）检测小结环节培养学生对知识进行迁移的意识

深度学习注重联系与整合，强调学生能够在新旧知识间搭建联系构建知识网络，强调迁移与应用能力。而自然分材教学能在当堂检测中促进知识的迁移应用，通过知识小结促进知识间的联系整合。因此，自然分材教学能在联系整合方面促进学生的深度学习。

三、自然分材教学下生物深度学习模式构建的策略

第一，通过情感调节环节激发学习兴趣，创设学习动机。自分教学中"情感调节"是为课堂铺垫文化背景、情感基础的环节。在本环节中可通过使用科学家故事，与生物学相联系的生活现象、新闻、影视作品等方式创设情境，激发学生的学习兴趣，营造积极有趣的学习氛围，培养学习动机。在实际问题的呈现中，引导学生利用知识解决生活实际问题，提高对知识进行迁移应用的意识。

例如，人教版高中生物必修一第二章第三节"遗传信息的携带者——核酸"这一内容中在"情感调节"环节为同学们展示一张刑警在犯罪现场搜集 DNA、指纹等证据的图片，并提供 DNA 指纹的相关材料，在引导同学们阅读后对 DNA 的中文全称、结构与特征进行提问。首先通过呈现与生活实际相联系的情境，激发学生的学习兴趣，帮助学生形成知识迁移应用的意识，进一步通过问题激发学生好奇心的同时通过问题导向突出该堂课的探究重点，使学生具备更充分的学习动机与学习方向。

第二，自学环节内容合理指导清晰，帮助学生提高学习效率。要充分发挥自学环节对深度学习的促进作用，避免出现学生"不学""乱学"或"假装学"的现象。教师要做到自学内容的选择得当，难度符合学生的学习能力并要求教师的自学指导书要清晰明确，帮助学生自然分化。其中包括：①明确自学内容，让学生知道自己要学什么；②明确自学时长，督促学生高效学习；③明确自学方式，让学生学会如何学；④具有检验指标，让学生明确自己是否完成基本内容的学习能否进入知者加速；⑤明确知者加速内容，在学习能力较强的同学完成基本内容的自学后，有拓展深入学习的方向。

第三，互帮环节设置合作任务，在表达与信息收集整理中培养理性思维。在教学过程中，通过构建学习共同体，增加学生的学习投入，提高学习效率，突破难点。在课堂教学中，通过设置集体任务，学生借助讨论形式进行合作学习，对难点内容进行互帮，既在合作学习的过程中培养了学生的团结协作能力，更在集体荣誉感与凝聚力的驱动下提高了学习积极性，通过集体的力量互相学习突破难点、提高效率，在完成任务的过程中，通过表达与信息的收集整理培养理性思维。

例如人教版高中生物必修一第三章第2节"细胞器——系统内的分工与合作"，该节内容中"细胞器间的协调配合"是一个难点，由同学单独完成需要较长时间且不同学生对该内容的自学效果会出现较大分化，因此可以安排学生在互帮环节进行合作学习。教师展示问题串"①分泌蛋白的合成场所是哪个结构？②分泌蛋白从合成至分泌到细胞外的过程中，经过了哪些细胞器或细胞结构？请依次写出并尝试描述该过程。③分泌蛋白合成和分泌的过程中是否需要消耗能量？如果要，能量由什么结构提供？④站在系统的角度看，这个例子说明了什么？⑤科学家运用了什么方法来探究该过程？"通过问题串的引导，经集体的分工合作、头脑风暴使学生共同发现并总结问题，更加专注认真高效地完成学习任务。

第四，释疑环节运用多种教学方式，突破难点加深理解。释疑环节的目的是对当堂内容中的重难点在学生自学的基础上由教师进行进一步解释梳理。教师在对难点进行阐释时，可以结合多种教学方式进行讲解，培养学生的逻辑思维能力，例如通过模型构建帮助学生理解，通过问题导向引导学生分析，通过任务驱动促进学生探究等。

以人教版高中生物必修一第四章第1节"物质跨膜运输的实例"为例，在讲解渗透作用时，为帮助学生理解渗透作用原理可用磁性纸条来模拟玻璃纸，用绿色小磁块表示水分子，用红色大磁块表示蔗糖分子，结合模型直观展示，使同学们理解半透膜只允许小分子物质（水分子）通过而不允许较大的蔗糖分子通过，进一步解释漏斗液面身高的原因。

第五，邻座互说环节有记录，帮助反思追踪。邻座互说环节要求学生向邻座说出当堂课的知识、原理等，而在向邻座进行阐述时能够很好地对知识的掌握情况进行检验。针对说错、说漏的知识点应督促学生及时做好标记，便于课后的反思与巩固。

第六，小结环节通过知识网络构建检验学习成果。在课堂最后的小结环节，教师可以通过概念图、知识树等方式帮助学生对本节课内容进行总结，与旧知识进行联系建立知识网络。让学生进行知识网络构建既检测了学生对本堂课内容的掌握情况，又培养了学生进行总结联系的意识。以人教版高中生物必修一第三章第2节"细胞器的分工合作"一课为例，在课堂最后以概念图方式帮助学生进行总结，构建知识网络，帮助学生对新旧知识进行理解，构建联系促进记忆。

四、自然分材教学下生物深度学习模式构建的建议

在深度学习过程中,理解原理、获得知识、掌握学科的内涵本质与思想方法,形成积极的态度与正确的价值观、社会责任感,最终成为既具备独立性、创造性与批判性,又具备扎实的基础与合作精神的优秀学习者与未来社会历史实践的主人。这一理念与"中国学生发展核心素养"中以培养"全面发展的人"为核心,要求学生应具备能够适应终身发展和社会发展需要的必备品格和关键能力是相契合的,高中生物学科核心素养中提出要培养具备生命观念、理性思维、科学探究能力与社会责任感的人,这一学科特征也决定了学生需要深度学习,而目前高中生物课堂深度学习程度较低,在自分教学的实践过程中本书对如何促进学生的深度学习进行了思考,根据研究中的实践总结,从教学现状与学生的学习现状出发,尝试从高中生物课堂构建的角度提出几点通过自分教学促进深度学习的建议,具体如下:

第一,充分备课做好教学准备。课堂是生成的课堂但也是预设的课堂,课堂的生成离不开预设。尤其在生成一堂新的教学模式的课堂时,更要求我们做好充分准备。在此次教学实践中,根据学校的要求所有教师都遵循了"三步三环"的备课策略,这也为实践的成果奠定了基础。第一步:既做到"备教材"也要"备学生"。要促进学生在课堂中的深度学习,就要深入了解学生的认知水平、学习能力与心理特征,自然分材教学的课堂中有许多充分发挥学生自身能动性的环节,这就更要求教师了解学生的特征做好教学设计。在充分解读教材的基础上,依据学生的情况进行教学设计,首先要考虑学生的年龄特征,熟悉学生身心发展特点;其次,要了解班级情况,如班风等;同一个教学方式在不同层次、不同特征的班级就不适用。第二步,既做到"个人备"又做到"集体备",做好教学设计,依靠个人力量是很难达到最佳效果的。集体备课能够帮助教师从不同的角度发现问题、解决问题,采用更加合理的方法与手段去进行难点的突破。第三步,既做到"课前备"又做到"课后备",课堂是预设的也是生成的,在生成课堂时所呈现出的问题总有部分是在预设课堂时难以顾及的,经过课堂实践的检验之后,会把一些问题、弊端暴露。因此课后的反思十分重要,在结束一堂课时应及时记录、反思。

第二,情感调节激发学习兴趣,创设学习动机。在情感调节环节通过与生活实际相联系的新闻、影视作品等方式来创设情境,为课堂铺垫文化背景与情感基础,激发学生的学习兴趣,营造积极有趣的学习氛围。通过与生活实际应用相联系的内容,帮助学生明确学习动机。

第三,教师引导简洁、明确,帮助学生提升学习效率。教师在课堂教学过程中的指导与任务设置表达要简洁、明确,且注意方法的引导。例如,在自学环节,教师展示给学生

的自学指导应该让学生明确自己要"学什么""怎么学"以及"如何明确自己已经学会"，而不是告诉学生教师要教什么。因此自学环节的重点中教师展示给学生的自学指导书要清晰明确：首先明确自学内容，让学生知道自己要学什么；其次明确自学时长，督促学生高效学习；重点明确自学方式，让学生学会如何学；最后要有自学检测即让学生明确自己是否学会，能否进入知者加速内容的学习。除自学环节外，教师在释疑中给学生设置任务时，也要明确任务安排，告诉学生"要完成什么"以及"如何完成""任务时间为多久"。

第四，教师释疑采取多种手段，帮助学生深入理解。释疑环节是对当堂内容中的重难点在学生自学的基础上由教师进行进一步解释梳理，该环节中涉及的问题一般都较为复杂更具难度，因此教师可以结合多种教学方式对学生进行讲解，培养学生的逻辑思维能力，例如通过模型构建帮助学生理解，通过问题导向引导学生分析，通过任务驱动促进学生探究等。

第五，注重培养联系反思、迁移应用的意识。教师可以利用课堂最后的小结环节通过概念图的方式帮助学生对本节课内容进行总结，与旧知识进行联系。

第四章
核心素养下的高中生物深度学习设计

第一节　核心素养下高中生物教学中的学习者分析

　　学习者是教学活动开展的基本要素之一，对学习者的透彻分析能使教师的教学设计更具针对性和实用性。以发展学生生物学学科核心素养为宗旨的新课标更要求教师充分考虑学习者的差异性，使每个学习者的潜能都得到开发，真正体现面向全体学生的教育理念。

一、分析学习者特征，点面结合促进学科核心素养发展

　　学习者的一般特征是指学习者学习有关学科内容时对学习者产生影响的心理和社会特征，主要包括学生的年龄、性别、年级水平、认知成熟度、智能、学习动机、社会背景等因素。

　　同学段的学生一般特征既有相同之处，也有不同之处。在学习者分析中，教师首先要把握学生一般特征的共性，了解同学段学生的整体发展水平，在教学内容的选择与组织、教学媒体的运用以及教学方法策略的应用等方面，有针对性地设计教学，促进全体学生生物学学科核心素养的发展。

　　教师也要关注学生一般特征中的不同点，对学生进行个性化分析，重视学生的个体差异，对不同学习特征的学生制订个性化学习策略，因材施教满足学生的学习需求。

二、分析学习者起始能力，厘清学生学科核心素养基础

　　学习者的起始能力是学生在学习生物学课程内容前已经具备的综合学科能力，包括对生物学科知识与技能的掌握、对学习内容的认识以及对生物学科的学习态度等，是学生已有学科核心素养的综合体现。

　　通过了解学生对生命观念的理解程度、能否在学习中开展科学探究、自身科学思维的构建情况，以及对于生物学科本身及其在生产生活中意义的了解程度，预估学生在学习前

所具备的基础能力，能够对生物学科新知识的学习起支撑作用。

学习者的起始能力分析包括预备技能分析、目标技能分析以及学习者态度分析三部分。其中预备技能分析与目标技能分析是对学生现有生物学学科核心素养能力以及通过生物学学科教学必须达到的学科核心素养水平的分析；通过分析学生的预备技能与目标技能，明确学生学科核心素养的发展空间，从而制订精准、有效的教学设计。

学生对于教学内容的态度同样影响学科教学效果。学习者态度分析关注学生对于教学内容的态度，如学生对教学内容是否存在疑虑、误解或偏爱等。分析学习者态度，对症下药，提高学生对生物学学习兴趣，有效促进生物学教学效果。

三、分析学习者学习风格，扬长避短提升学科核心素养

作为独立的学习主体，不同的学习者在对生物学学科知识的理解、建构方面存在差异。每个学生都拥有自身独特的学习方式、学习策略与学习态度，这些持续稳定的学习特征构成了不同学习者所特有的学习风格。

学习风格分为三类要素：一是生理要素，包括个体对外界环境刺激的感官反应、对时间节律的感知规律以及接受外界信息的感受等；二是心理要素，包括认知、情感和意志等方面；三是社会性要素，包括独立学习与结伴学习、竞争与合作等学习方式的倾向性选择。

对学习者的学习风格进行分析，可实现针对学生不同的学习风格创造不同的教学环境，满足不同学生对于学习环境与学习条件的需求；有意识地调整教学，变化教学模式、教学策略，鼓励学生发挥优势。

在实际教学中，我们经常发现，同一教师所教学生的学习表现和学习成绩会有很大差距，这种现象可能就是学习者的认知发展、学习风格等的不同而引起的。

总体而言，通过对学习者进行分析，教师能够深入了解学习者，认识到不同学习者之间的差异性，有针对性地制订教学计划，开发学生的学习潜力，提高学生的学习效果，从而更好地发展学生的生物学学科核心素养。学习者分析包括了对学生一般特征、起始能力以及学习风格的分析。

准确的特征分析，有利于了解学生的生命观念基础和社会责任特点；起始能力预估和学习风格分析可以摸清学生的科学思维特点和科学探究能力，为学习活动的设计提供重要参考，从而制订出高效的学习策略。

第二节　核心素养下高中生物教学内容的具体设计

"学习内容分析对于教学设计者来说，既有助于对学习内容的理解，又有助于教学设计的决策"①。没有学习内容的分析，设计者对于内容的理解便带有一定的模糊性，决策可能会因此缺乏应有的理性。

第一，分析知识结构特点，选择恰当的策略。明确教材内容的选择、编排，一方面要从知识维度分析，明确教材内容呈现的框架体系与内在逻辑，了解学习内容在知识层面是如何呈现，又是如何发展深入的，从而选择相对应的教学方法和策略，构建适当的教学环境；另一方面，要熟悉学习内容的知识本身，了解学习内容的特点、教学重点以及教学难点，通过对学习内容的整体分析，明确重要概念，抽离出学科知识的核心概念。

第二，挖掘科学探究内涵，促进思维培养。通过对教材的深度剖析，教师能够挖掘学科知识背后蕴含的科学探究的组成元素，如作出假设、提出疑问、实验验证、归纳总结等。利用学习内容的不断深化，构建出学生对重要概念积极探究的学习路径，以学习内容为基础，培养学生的科学探究能力。分析学习内容的教学方向，能够培养学生的多种生物学科能力。在针对生物学科核心概念的教学中，以对生物学科重要概念的归纳概括、推理建构以及批判性思维为主要方式，着重培养学生的辩证思维，发展学生的科学思维；在生物学科实验教学中，不仅要帮助学生掌握最基础的实验方法与操作规范，更要培养学生动手操作、勇于探究的科学态度，提高学生的科学思维能力。

第三，关注人文价值，培养学生社会责任。在对学习内容分析时，教师同样需要关注学习内容的人文价值。通过对学习内容人文价值的分析，激发学生对生物学科的兴趣，提高学生的好奇心与求知欲，养成积极思考、勇于探索的学习态度；教师通过发现学习内容的美与魅力，培养学生的高级审美能力，引导学生学会欣赏生物学科所带来的自然美与科学美，热爱生物、热爱科学。教师应该注重生物学科与社会的紧密联系。通过学习内容的分析，将生物学科知识与生产生活联系起来，关注社会热点问题，鼓励学生运用生物学学科核心素养解决实际问题，培养学生的社会责任意识。

分析学习内容，可以帮助教师熟悉教材、了解教学内容，掌握学科知识的编排体系，为教学的有效推进做好充分准备，为教学目标的合理制订提供依据。学习内容的分析不仅

---

① 崔鸿，解凯彬：《发展生物学学科核心素养的教学设计：从理论到实践》[M]，北京：人民教育出版社，2019 年版，第 46 页。

仅包括对生物学科知识的分析，同样包括对科学探究能力培养价值的分析以及对教材中人文价值的分析。通过学习内容分析，建立有网络结构的知识体系，在教学中更容易通过学习活动建构知识之间的关系，帮助学生形成生命观念，训练其科学思维方法，树立社会责任意识；同时，有结构的知识，还可以帮助学生确定和评价科学探究问题，寻找解决问题的突破口，可谓一举多得。

第三节　核心素养下高中生物教学活动与过程设计

一、核心素养下高中生物教学活动设计

（一）核心素养下高中生物教学活动设计的要点

1. 依据大概念开展学习活动，形成生命观念

生物科学教育需要围绕大概念来进行学习，而不是给学生讲授一些零碎的、不连贯的知识片段。概念的学习应该引导学生从现象中抓住体现现象本质的问题进行探索，学习如何提出问题，如何找寻解决问题的思路和方法，能建构清晰的概念模型，厘清概念之间的联系。

例如，在"捕获光能的色素和结构"教学中，为促进对大概念"细胞的生存需要能量和营养物质，并通过分裂实现增殖"的理解，建构结构与功能观，学生在老师的引导下，通过小组合作的方式制作了叶绿体的结构模型。基于对叶绿体结构的思考，建立了光合作用原理的概念模型。最后在绘制图解、组间交流的过程中，深入理解相关生物学概念及其关系，促进了生命观念的形成。

对大概念的深入理解是学生形成生命观念的基础，而这种理解又是基于对一定重要概念的理解以及生物学实验和生物学已有研究结果来完成的。通过围绕大概念创设探究性实验内容，开展学习活动，使学生在理性的思考和感性的实验过程中进一步理解大概念，提升生命观念。

2. 创设情境开展学习活动，训练科学思维

良好的教学情境有利于思维能力的养成。让学生在良好的教学情境中知道如何理性思考，掌握科学的思维方法。创设良好的教学情境开展学习活动，使学生在学习活动中逐步发展科学思维，如能够基于生物学知识和证据运用归纳与概括、演绎与推理、模型与建模、批判性思维、

创造性思维等方法，探讨生命现象及规律，审视或论证生物学社会议题。

例如，在"DNA的结构"教学中，教师通过科学史导入，由问题引发思考，作出猜想，并对猜想进行论证，拓展学生的演绎与推理思维和批判性思维能力，促进科学思维的发展。教师通过设置一系列精炼巧妙的问题串，引导学生作出猜想，彼此交流、分析、解释猜想，寻找证据支持，完善猜想，让学生体验科学思维严谨、务实的态度与解决实际问题的能力，并随着学习的深入，不断强化、发展学生的科学思维。

3. 以学生为主体开展学习活动，发展科学探究能力

探究性实验是培养学生探究能力和探究精神的主阵地，合理地将教材中的验证性实验改编为探究性实验，将定性实验改编为定量实验以及利用生活情境设置实验等，能有效推进学生科学探究能力的形成。

例如，在"DNA的结构"教学片段中，教师基于科学史开展关于DNA分子结构的探究活动，充分调动学生的学习兴趣。教师通过逐步设疑、环环相扣、小组合作探究、问题串等方式突破"DNA双链结构特点"在教学中的难点。针对DNA结构的研究史进行观察、提问，逐步激发学生对科学知识的好奇心和求知欲，在探究中乐于并善于团队合作。

通过学习科学家在科学研究时的观察、提问、实验设计、方案实施等科学探究的基本方法，使学生逐步掌握科学探究的基本思路和方法；同时，教师让学生亲自动手制作、建构模型，并结合教师提供的线索，一步步引导学生自主探究DNA分子的结构，使学生对知识点的掌握更加清晰、牢固，在理论学习的同时，充分培养了学生的科学探究能力。

在"绿叶中色素的提取和分离"实验中，关于色素的提取，教材中提到研磨法，不仅需要准备较多绿叶以及多种药品，而且步骤烦琐，色素提取量也不高。鉴于此，教师可启发学生围绕"如何改进色素提取的方法"进行探究，鼓励学生进行拓展研究，如探究不同种类绿色植物色素的种类和含量的差异；探究不同的温度对色素提取液颜色及各种色素含量的影响等。经过巧妙的改编，将烦琐的验证性实验转化为学生主动求知的探究性实验，培养了学生科学探究能力中观察问题、解决问题的能力。

4. 联系生活实际开展学习活动，增强社会责任意识

社会责任意识是一种态度和意愿，是高度依赖学习过程的、学生综合能力的表现。教师不仅要教授学生理论知识，更应注重将与生产、生活相关联的生物学知识融入其中，使学生理论联系实际，关注科技发展，培养学生的社会责任意识。

教师在课前应注意收集与当今科技发展热点、生活热点有密切联系的资料，贴近学生的"最近发展区"，这样才能真正引发学生的情感共鸣，引起学生的学习兴趣，增强学生的学习急切感、社会责任意识与使命感。

（二）核心素养下高中生物教学活动设计的注意事项

学习活动的设计是以学习目标为核心，遵循心理学规律，对应具体学习内容，设计学生学习活动的过程。一个完整意义上的学习活动设计由以下环节组成：①旨在达到的学习目标；②活动任务；③交互过程（含操作方法、学习方式）；④学习成果；⑤学习资源（含信息组织和媒体形态）和工具；⑥活动规则。学习活动在设计时应注意以下方面：

1. 学习目标要明确

学习目标是学习活动的出发点和归宿，它不同于人生目标，是短期内可以实现的。因此，明确的学习目标可以给学习者带来动力和信心。但同时，学习目标的设定又受很多因素的制约，诸如学习者特征和资源条件等。在进行学习活动设计前一定要明确学习目标，这样学习者才能明白要在学习活动中获得怎样的学习成果。另外，学习活动目标要适当。学习目标的设定应从学习者的"最近发展区"出发，这样才能很好地激起学习者的求知欲望与探索热情，从而在学习活动中培养学生的科学探究能力。

2. 活动开展讲方法

学习活动开展前期要创设良好的学习活动情境，激发学生学习兴趣。学习活动后期要制订好评价机制。

学习活动的核心是活动任务，活动的其他成分必须围绕这个核心进行设计。活动任务根据学习目标区分为意义建构和能力生成两大类。意义建构指的是建立基础知识点之间的联系，通过核心概念的讲授，促进学生生命观念的形成。能力生成任务指的是对学习者能力的培养及训练，让学习者理论联系实际，用所学理论解决现实问题。通过能力生成类任务培养学生科学思维、科学探究能力及社会责任。

学习活动开展中涉及的交互过程同样不容忽视。交互过程主要指的是学习者与其他学习伙伴、教师及媒体等的交流过程与组织形式。在交互过程中，教师应秉持"以学生为主体，以教师为主导"的教学理念，做好学习者学习的引导者和解惑者，并尽量在学习活动中给予学习者自主权，这样才能更加激发学习者的学习动力和兴趣。

学习活动中的活动规则主要包含两大方面：交往规则和评价规则。交往规则主要是学习活动中应遵守的纪律要求等。评价规则多指学习成果的评价方式及标准。评价方式应多元化，评价标准应尽量做到公正、客观。

明确的活动规则可以保障学习活动的顺利开展。通过交互过程的设置及活动规则的制订，在学习活动开展过程中能够培养学生的社会责任意识。

3. 学习成果重点评

在学习互动的最后，要注重对学习成果的点评。学习成果的点评是对学习者努力的肯定。对学习者学习成果的评价应多元化，即评价主体多元化、评价内容多元化及评价方式多元化。学习成果的评价不是为了给学生定等级，而是为了改进学习。要利用评价促进学生的发展，对学生的学习进行指导，促进其建构知识。这里所说的学习成果是学生在活动过程中生成的，是在学习活动结束后呈现出来的能够表现一定学习成就的东西，可以是论文、报告、表格、实物模型、程序，等等。

4. 学习资源要丰富

学习资源是指在学习活动过程中需要的信息资源和实物媒体等。学习资源准备得充分和丰富与否，决定着该学习活动能否顺利进行。准备的学习资源要符合学习者的实际情况及授课地点的实际情况。如果学习资源超出学生的实际接受水平，则会使学生产生挫败感，学生的学习兴趣就会下降。如果学习资源在授课地点无法使用，就会使该学习活动无法顺利进行，将影响授课效果。教师在这一环节设计中应充分考虑学习者的基本情况，并结合授课地的现代化信息技术，提供多样化的学习资源，使其既符合学生的认知水平又能激起学生的学习兴趣，从而提高学生的课堂参与度、思考能力及动手能力，培养学生的科学思维及科学探究能力。

二、核心素养下高中生物教学过程设计

生物学学科核心素养的提出和实施，对于老师们而言是一个较大的考验。打开"提高生物学学科核心素养"的突破口在于改变传统教学模式，打造适应新课改要求的课堂教学模式。生物学教学是课程教育的主要内容，能够全方位地提高学生的素质，高质量的生物学教学能够增强学生对生物的热情，提高学生的学习兴趣，这对于提高学生的实践能力和创新思维大有裨益。

（一）核心素养下高中生物教学过程设计的要点

1. 设计问题情境，在概念建构中树立正确的生命观

情境教学在贯彻课程标准关于"培养学生学科核心素养"精神要求的过程中起到了非常重要的作用。在导入阶段创设情境，激发学习动机；在问题解决阶段创设情境，引导深入探究；在质疑论证阶段创设情境，引发批判质疑；在迁移应用阶段创设情境，促进知识融合。情境教学以思维为核心，以情感为纽带，巧妙地把学生的认知活动和情感活动结合起来。有价值的教学情境总是有着丰富和生动的内容，能够紧密联系学生的生活，挖掘和利用学生的生活经验，注重教学情境与学生的思维发展相适应。生物学教师若在课堂教学中给予学生真实的情境体验，引导学生在充分感知的基础上建立理性认知，不仅能起到吸

引学生注意、明确学习目的的作用，也有助于发展学生观察生命现象、积极探究生命规律等情感态度。

除此之外，教师也可通过提供丰富的、有代表性的事实材料帮助学生建构概念，为形成科学的生命观念提供支撑。例如，"细胞的能量'货币'ATP"一节中，教师为了引导学生深入理解"ATP 和 ADP 能通过相互转化以维持细胞内 ATP 含量稳定"这一概念，可以提供资料创设一系列探究情境：通过分析前两则资料，学生感知"ATP 含量少，但在细胞中消耗大"这一事实，从而对"ATP 如何维持含量的相对稳定"产生疑问；接着教师继续提供资料，引导学生举证分析，帮助学生从结构与功能相适应及稳态的角度构建概念，理解 ADP 与 ATP 相互转化的过程，在学习的过程中促进形成结构与功能观、物质与能量观、稳态与平衡观等生命观念。

教师还可以巧用实例，引导学生在原有生活经验的基础上建构科学知识，使知识脉络灵动起来，也使生命在科学的解读中凸显出深远的意义和价值。

例如，在"伴性遗传"一节中，通过呈现某地区红绿色盲症的调查结果，创设学生感兴趣的问题情境，最终认识伴性遗传规律，理解伴性遗传普遍存在于有性生殖生物中，形成正确的生命观念。

2. 优化问题设计，在科学阅读中培养严谨科学思维

教学过程是一种持续不断地提出问题和解决问题的活动，思维永远是从问题开始的。在课堂教学过程中，教师利用精心设计的问题，活化学生思维，逐步引导学生学会利用归纳与概括、演绎与推理、模型与建模、批判性思维等方法进行科学阅读，与教材、科普资料、习题等文本进行深入的对话，从文本素材中提取关于这个知识点的核心线索，从而运用相关知识解决生物学问题，这是促进学生科学思维发展的有效方式。在教学过程中可以将一些过程性知识按阶段设计成问题，引导学生思考各阶段的特点及相互关系，在主动思维中进行归纳概括，形成知识网络。在"伴性遗传"一节中，教师设置了一系列问题，启发学生有序思考，促使探究活动向纵深发展。学生分析前三个问题容易获知红绿色盲症是伴 X 染色体的隐性遗传病，之后通过设置层层递进的问题，引导学生进行严谨的分析推理，最后归纳概括出红绿色盲作为伴 X 染色体隐性遗传病的遗传特点，此过程有效地训练了学生逻辑判断、分析推理、解决问题的能力，促进了科学思维的发展。

教师可以利用问题串将模型构建的难点进行分解，形成台阶，这可以有效地引导学生进行建模活动，以此来训练学生的科学思维。例如，在"探究培养液中酵母菌种群数量的动态变化"中，教师先引导学生构建酵母菌种群数量变化的数学模型，接着设置围绕重要概念的一系列问题，逐步引导学生突破重难点，深刻理解酵母菌种群数量变化的规律。此

过程训练了学生模型与建模、分析推理、归纳概括等综合能力，促进了科学思维的发展。

3. 重视探究性学习，在过程体验中发展科学探究能力

探究活动对于学生发展生物学学科核心素养起到重要的促进作用。探究知识产生的过程，可为学生提供学习所需的直接反馈和亲身体验，有助于学生理解生物学知识的发展过程，认同科学研究的方法，更好地理解生物学知识。探究实验的过程可以让学生很好地理解科学家的实践，包括提出问题、作出假设、确定变量、观察现象、设计实验、收集和分析数据等，让学生亲身体验科学家是如何探究世界的。探究科学史可以使学生了解科学发展的脉络，领悟科学活动的本质、科学的威力和局限性。科学探究还帮助学生学会如何学习，掌握探究技能的学生能为自己的学习负责，选择最希望研究的问题开展研究然后寻找答案。

例如，在"探究培养液中酵母菌种群数量的动态变化"的探究性实验过程中，学生带着问题在做中思、做中学、做中悟。实验为学生更好地形成和理解重要概念提供了丰富的体验，促使学生获取相关证据。学生在思考、分析问题时，不断回顾实验操作和实验结果形成的条件，最终促成学生深入理解种群数量的有关知识，实际教学中，教师还需要尽可能地创设真实的探究情境，让学生在探究中获取直接经验，引导他们通过不同的方法，从不同的角度去认识世界的真实面貌，这样方能达成科学探究的目的，促进核心素养的形成。

4. 渗透情感教育，在价值引领中激发参与社会事务的责任感

生物学教学应该更加贴近自然、关注社会，培养学生科学、民主、平等的观念，培养学生参与社会事务的责任感。课堂虽小，责任却重大，教师应该在引领课堂价值的走向上负起责任来。教师应尽可能挖掘知识中隐含的社会责任内涵，以言感人、以例动人，在课堂教学中多呈现涉及社会热点的议题、关爱生命和健康生活、环境保护等内容的相关材料，这些文本的价值不仅是扩展学生的视野，更重要的是激起学生思想的共鸣，引导学生关注生物学的社会议题，并能灵活应用生物学知识对议题进行科学的解释或判断，进而促进学生形成社会责任意识，形成科学的世界观。

例如，在"伴性遗传"一节中，教师将生活中常见的红绿色盲等伴性遗传现象引入教学中，能引起学生关注，使学生对较陌生的知识产生共鸣，积极投入对社会问题的讨论中。

教师在教学中还应努力让课堂具有一定的价值隐喻，使学生能意识到自己是社会的一分子，提升自身肩负的责任感，激发学习生物学和造福社会的热情，才能使科学教育意味深长。

（二）核心素养下高中生物教学过程设计的注意事项

1. 在教学过程中要重视"大概念"

大概念处于学科中心位置，对学生学习具有引领作用。在生物学课程中，大概念包括了对原理、规律等的理解和解释，是生物学科知识的主干部分。目前生物课程内容都是围绕着几个大概念展开的，大概念之下还设置了具有学科逻辑，符合高中学生认知特点的重要概念和次位概念，形成了课程的内容框架。在教学过程中，教师围绕着生物学大概念来组织并开展教学活动，能有效地提高教学效率，有助于学生对知识的深入理解和迁移应用，也有助于发展学生的生命观念。日常教学中，一方面需要教师向学生提供适切的事实支撑学生生物学概念的形成；另一方面也需要教师运用包括探究教学在内的多种教学策略和方法开展概念教学。然后围绕该概念体系选择知识内容，淡化与该体系没有直接关系的知识，强调对重要概念的深入理解，这样就为学生在课堂上主动学习留出了更多的时间，实现少而精的教学。

2. 组织以科学探究为主的主动学习

目前，在高中生物学教学中，不少学生已经习惯于教师讲，自己听，缺乏自主思考和自主学习，学习效率不高。一些教师过于依赖多媒体教学的单向呈现，忽略了学生自主探究学习的重要性。长此以往，学生很难对生物重要概念产生深刻印象，再加上学生自主探究和独立思考机会的缺失，最终导致学生问题意识和创新意识的淡薄，不利于学生的全面发展。因此，要想进一步促进学生主动探究，教师应做到以下方面：深度挖掘教材，立足教材上的探究活动，鼓励、引导学生进行自主探究，尽量使实验设计多样化；要重视定性实验，也应重视定量实验，让学生在量的变化中了解事物的本质；认识证据的重要性，提供充足的证据，促使学生运用证据进行充分的推理，以发展科学思维和科学探究能力。

3. 加强培养学生社会责任意识

在教学过程中可以从以下方面入手培养学生的社会责任意识。

（1）深入挖掘教材，体会生物学的应用价值。教材中蕴含大量的生物学在生活中应用的实例，凸显了生物学的应用价值。例如，呼吸作用原理用于制造酸奶、酿酒以及作物生长、储藏等，光合作用原理用于作物增产、提高光合作用效率等；免疫原理运用于疾病防控治疗，细胞工程技术用于生产新品种，遗传分析用于确定后代的性状及某些遗传病的诊断。

（2）关注社会热点，提高社会参与意识。在教学过程中，教师引导学生关注生物学热点议题，运用生物学知识理性分析和科学论证议题背后的真伪，有利于提高中学生的社会参与意识。

（3）积极开展生物学实践，激发社会责任意识。开展生物学实践探究，是培育中学生社会责任意识的重要途径，对激发学生社会责任意识起着不可替代的作用。例如，通过实地调查某地生态环境治理过程及治理前后的环境变化，学生会感受到环境治理的长期性、复杂性，从而激发环境保护意识。

4. 强化科学史和科学本质的教学

生物学的发展史不仅仅是生物学事件的记录和再现，也是人们研究生命世界思想的反映和复原，同时也是科学方法的发展史。生物学史不仅提供了学生认识生物学的过程，也能使学生了解生物学概念和原理产生、演变和发展的过程，还能提供蕴含在其中的科学方法，使学生领略到科学家的研究思维及人格魅力，启发学生掌握科学的研究方法。新课标在教学建议中明确高中生应注重生物科学史和科学本质的学习，新教材更是提供了众多生物学史料，教师应充分利用这些史料，引导学生体验科学发现的过程，学会辩证地看待科学的发展，逐步形成对科学本质的正确认识，领悟其中蕴含的科学方法，接受科学精神的启迪。

第四节　深度学习视域下的高中生物学实验教学设计

在高中生物学验证性实验中，教材明确提出了实验操作步骤，学生只要机械地根据实验步骤，按部就班就能够完成实验操作，在这类实验操作过程中，学生往往缺少对实验过程的主动构建和反思，学生只是消极被动接受，简单重复和机械记忆知识，处于识记领会层次的浅层学习。教师要将这类验证性实验提升为能够让学生进行主动知识构建、能够批判性学习新知识，并促进学生将它们融入原有的认知结构中，能够灵活运用所学知识和能力解决实际问题的深度学习，需做到以下方面：

一、创设情境，引领学生积极参与

深度学习要求学习者进行主动学习。深度学习下的主动学习是教学中的学生学习，而不是学生的自习，并不能自然发生，必须要有教师的引领和帮助。创设真实有意义的学习情境，有利于教师引领学生的深度学习活动，引导学生进行主动学习。真实有意义的学习情境能有效地激发学生的学习动机，使学生将学习动机由外在的压力转变为自身的需要，提升求知欲，促进学生在感觉、知觉、思维、情感、意志、价值观等方面全身心投入参与，引导学生的深度体验，促进深度学习的发生。学习情境的创设要求做到以下三点：①创设的情境要具有生活性，尽量联系生活实际，有利于激发学生的学习兴趣；②创设的情境要具有挑战性，能激励学生挑战自我，促进学生形成积极的内在学习动机；③创设的情境要具有探究性，才能激发学生的深层思维。

例如，"DNA 的粗提取与鉴定"是高中生物学中的经典验证性实验，实验目标是为学生提供从生物体内直接提取 DNA 的机会，体验细胞中 DNA 的粗提取和鉴定。这样的实验目标属于浅层学习目标中的识记、领会层次，学生对实验操作的兴趣往往不高。教师在实验前给学生提供了如下学习情境：

油桃是深受消费者青睐的一种水果，但在果实成熟期和采后贮藏期间，普遍存在果肉的褐变现象，降低了果实的品质和价值。经研究，果肉的褐变与多酚氧化酶（PPO）的活性和含量密切相关。为了解决果肉的褐变问题，科学家利用 DNA 提取和 PCR 技术分离 PPO 基因，然后用它构建反义基因，从而抑制 PPO 基因的表达，阻止果肉褐变的发生。

情境中提供了与学生生活熟悉的油桃案例，研究成果可以直接应用于实际生活。这种有意义的情境体验活动激发了学生的学习兴趣，激活了学生的思维。学生迫切希望知道应如何去提取 DNA，如何更进一步去研究 DNA，为实验中如何提取 DNA 等实验操作提供了研究的背景，激发了学生的探究欲望。

二、生成问题，激发学生深度思维

"深度学习要求学习者进行理解性的学习，从而获得学科核心概念和原理"[①]。理解性学习不是事实内容的记忆和积累，是一种超越了简单的记忆和信息检索，发生在较高认知水平层次上的心智活动或认知能力。教师可以根据提供的学习情境为背景，提供相应的学习材料，引导学生分析学习材料生成问题，促进学生围绕生成的问题主线进行探索，帮助学生获得高质量的知识，促进学生对知识的深层理解和深度建构，引导学生深度探究，实现深度学习。

问题是深度的思维起点。生成的问题要有启发性，有利于激发学生的思维；生成的问题要有系统性，能够将零散的、碎片化的知识整合，以利于知识的迁移；生成的问题要有批判性，将学习过程主动构建与反思，激发学生的求异能力，能够挑战人类已有的认识成果。问题能够让学生在激活先前知识的基础上，深度加工所获得的新知识，在新知识和原有知识之间建立联系。

如在上述实验中，教师提供了油桃 DNA 粗提取实验的具体操作过程，让学生围绕油桃 DNA 提取过程，分析其所利用的 DNA 理化特性。教师以此作为问题主线，引导学生进

---

① 石高荣：《基于深度学习的高中生物学实验教学设计》[J]，《中学生物学》，2019 年第 12 期，第 36 页。

行深层思维活动。学生归纳总结，得出：①DNA 在质量分数为 0.14mol/L 的 NaCl 溶液中溶解度最低；②DNA 不溶于酒精，而细胞中的蛋白质则溶于酒精；③DNA 在 80% 以上才变性，而大多数蛋白质不能忍受 60℃～80℃ 的高温；④蛋白酶不能催化 DNA 水解；⑤洗涤剂可以破坏细胞膜，使蛋白质变性，对 DNA 没有影响。教师以此为理论依据，为学生在其他材料中提取 DNA 提供科学导向。教师有机整合学习内容，促进学生进行知识迁移，实现更深层次的学习。

三、实践操作，培养学生知行合一

深度学习是知识迁移与运用的过程，学生将学习所获得的科学知识迁移到实践中进行运用，在新的问题情境下解决新情境中的实际问题，即实现知行合一的过程。如在上例中，学生根据油桃 DNA 提取的过程生成了问题，总结得出 DNA 的理化特性，此为"知"，根据 DNA 的理化性质运用在新材料中的 DNA 提取，即为"行"。学生通过"行"完成实验操作，达到实验的目标。

学生进而根据 DNA 的性质，从洋葱细胞或其他材料（如鱼卵、菜花）中提取 DNA。学生可以根据油桃 DNA 的提取步骤，运用类比方法总结出洋葱细胞等实验材料中 DNA 的提取实验步骤。①选用洋葱作为实验材料时，先将洋葱进行研磨，在研磨实验时加入 1/10 体积的洗涤剂瓦解细胞膜破碎细胞，获取含 DNA 的滤液；②在溶有 DNA 的物质量浓度为 2mol/L 的 NaCl 溶液中加入蒸馏水并向一个方向轻轻搅拌，目的是稀释滤液至 0.14mol/L，减少 DNA 的溶解性，有利于 DNA 更多地析出；③溶有 DNA 的溶液中分别加入酒精去除滤液中的杂质等过程，提取出纯度较高的白色絮状的 DNA。根据上述实验步骤完成实验，通过迁移与运用的知行合一，实现深度学习。

深度学习不是学习内容的深度和难度，而是关注学生的学习过程和状态，促进学生深度理解和不断自我反思。教师通过上述实验设计的改进，将原本枯燥乏味的实验转变为具有挑战性的学习主题，转变为能让学生体验成功、获得发展的有意义的学习过程，学生主动学习积极性高。这样有利于学生对知识的整合和归纳，促进学生知识体系的完善，加强学生对知识的整体把握，有利于激发学生对知识的深入思考、主动学习。学生在追求知识主动加工的过程中，积极参与，从而体验到成功，提高探究性能力，增强合作意识。教师关注学生应用、分析、评价和创造等的发展，有利于帮助学生在运用、分析、综合、评价层次上认知目标的达成，落实学生的生物学学科核心素养的培养。

第五章

核心素养下的高中生物深度学习策略

第一节　核心素养下高中生物教学的情境创设策略

创设问题情境引入课题，帮助学生在理解重要概念的同时发展科学思维能力，提升解决实际问题的能力，这正是培养学科核心素养的关键，也是教师必须具备的教学基本功之一。

一、核心素养下高中生物教学情境创设策略的要点

目前，情境创设策略已经被广泛用于中学生物学课堂，成为课堂教学中一道亮丽的风景。选择情境创设策略开展教学时，应遵循基本原则，避开一些误区，采用灵活多变的方法创设贴近学生生活实际的情境，开展有效教学，从而达成发展学生学科核心素养的目标。

（一）遵循原则，创设情境

1. 以服务教学目标为出发点来创设情境

每个问题情境的创设都具有目的性，旨在完成一定的学习任务，达成教学目标，这是创设问题情境的基本前提。一些教师不考虑课堂教学的需求，脱离教学目标，盲目地创设问题情境。这种只为了提升兴趣而创设的情境，无助于教学目标的达成，无助于学生学科核心素养的发展。经常这样做，还会影响学生的学习兴趣，阻碍课堂教学的正常进行。所以，教师在创设问题情境的过程中，需要坚持"情境创设服务于教学目标达成"这一原则，选择合理的情境素材，巧妙设计并适时引出问题，引导学生进行探究性学习，从而达成教学目标。创设问题情境时，应坚持目的性原则，也并非完全排斥情境性问题的发散性，以免禁锢学生的思维。最关键的是教师能够有的放矢，真正做到放得开、收得拢。

2. 以启迪科学思维为中心来创设情境

"学起源思，思起源疑"，学生的思维活动就是不断发现问题并解决问题的过程，也是学科核心素养不断发展的过程。问题情境的创设应当满足启发诱导原则，通过对相关情境性问题的分析，教师引导学生对问题进行逐层解剖，慢慢地接近问题的本质，拓展并训练学生的科学思维，激发学习的主动性，让学生掌握自主探索、解决问题的方法和技能。创设的问题情境，应制造学生认知结构的暂时性不平衡，引起学生心理上的悬念和疑惑，以及对于已有认知的不满，激发学生不断深入探究的兴趣，最终学生将新的认知结构和方法与原有的认知结构进行重组融合，真正理解并能运用知识解决问题，从而达成教学目标。

3. 以指引学生理论联系实践为导向来创设情境

学习生物学知识的主要目的之一是为了提升实践应用能力，尤其是高中生物学涉及很多"探究与实践"环节，特别有利于贯彻理论联系实践的教学方法。教师可以创设与学生生活紧密相关的生活问题情境，如腐乳的制作、探讨加酶洗衣粉的洗涤效果等都是特别贴合生活实际的内容，让学生亲自体验，探索情境中的生物学问题，既能丰富学生的直观体验，又能加深学生对生物学概念的理解，从而极大提升学生学习生物学的兴趣和热情，使学生对生物学理论知识的掌握和理解也更加深刻。

（二）避开误区，精选情境

有些教师认为上课前播放一些视频、图片或音乐等用以活跃课堂气氛，就是创设情境，但实际上这并非情境创设策略的本意和全部内涵。情境创设应该能够服务于问题解决，促进学生的科学思维发展，有助于学生科学探究能力的提升，服务于学生生命观念的形成和发展，还能助推学生社会责任意识的提升。目前常见的创设情境误区主要有以下方面：

第一，只重趣味，轻视思维。有的课堂上创设情境时常播放视频，学生看到的是很震撼且极具视听感的大片，但是情境与教学目标、内容却无多少关联，导致课堂教学效果不佳。

第二，创设情境的手段单一，学生观察情境的时间很长，问题却很简单，情境创设的效果不好。例如，有的教师在"群落的演替"一课的教学中，为了展示火灾后森林群落的演替，播放了十几分钟的视频，呈现的却是单一的森林燃烧的画面，拖沓冗长。教师应该对网上搜来的视频适当加以剪辑，展现重要的内容和画面即可。

第三，上课时教师讲教材，学生看教材，教师眼中根本没有学生，上课成了看图说话，看图说文。

第四，利用虚假的素材创设问题情境。

第五，创设的情境距离学生真实生活太远，例如，有的教师在讲授基因的自由组合定律、伴性遗传和人类的遗传病时，介绍的病例往往是杜撰的。

第六，重数量，轻质量。为了让课堂变得生动，一些教师在一节课中设置了较多的情境，如故事、视频、动画、新闻等，使学生眼花缭乱，轻视了情境的设计质量，实际教学效果会适得其反。

（三）巧设情境，发展素养

1. 创设探究性问题情境，发展生物学学科核心素养

基于生物学学科核心素养的要求，探究性情境的创设应以学生的生活经验为出发点，利用生活中的有关事实创设情境，激发学生的学习兴趣。在开展与真实生活紧密相关的学习内容的教学时，注重探究性问题情境的创设，以活动引导学生观察现象，提出问题，激发学生探究的欲望，从而主动开始对新知识的学习。

在教学"植物生长素的发现"时，学生提前一周自主种植玉米并观察玉米胚芽鞘在单侧光照射下的生长特点，拍照记录玉米胚芽鞘每天的向光生长情况，并在课堂上通过图片、视频等形式呈现出来。在此过程中，学生发现了光照对植物生长的影响，并带着兴趣去探究这些奥秘，探究情境的创设初步完成。同时学生也在探究活动中通过观察生命现象，提出探究假设，并逐步建构科学概念，进而形成相关的生命观念，认识到生命活动的多样性与复杂性，形成科学的自然观和世界观。

以具体活动为载体，以核心素养的融入为目标创设的探究性情境，强调学生的参与性，这就使学生在观察生命现象的过程中，体会到生命的独特与复杂，从而激发其热爱生命、关爱生命的社会责任意识。同时，基于学科核心素养创设的探究性情境，在彰显科学探究的基础上，更加强调学生问题提出、计划确定、实验操作、现象观察、数据处理和结论得出等能力的形成，培养学生运用科学的思维方法去认识生命、解决问题的习惯和能力。

在"植物生长素的发现"一节中，在学生观察到植物向光性后，按照历史上生长素发现与研究的顺序，教师引导学生设计并分组实施探究方案，使学生基于事实并在不断的论证中理解生长素的产生、运输、分布与作用，促进其科学思维的发展；同时，学生体会到探究活动的严谨性和科学性，必将在新的探究活动中提升运用合理的科学思维揭示生物学规律和本质的能力。

在这样的课堂中，学生不仅学到了知识，还发展了素养，如严谨的科学思维方法，求真的科学品质等。同时，也会对生物学的学习产生更大的兴趣。

2. 创设直观性教学情境，发展生物学学科核心素养

科学思维的渗透要以学生为主体，分析学生的知识经验与认知特点，创设直观的教学情境，使学生学会对特定生命现象进行剖析，从直观中感受生命系统的精巧性和复杂性。例如，实物模型法等能够让学生直观观察所学生物体的结构，并在教师的引领下不断探索不同结构的功能，促使学生形成结构与功能观等生命观念。

在"细胞器之间的分工合作"一节教学中，什么是细胞器？不同细胞内有哪些细胞器？它们具有的结构与执行的功能分别是什么？特定的细胞器在细胞生命活动中所扮演的角色是什么？不同细胞器在完成某一项具体的生命活动时，是如何分工协作、相互配合的？教师首先通过实验让学生观察叶绿体，再引导学生归纳得出细胞器的概念，然后利用细胞器模型引导学生自主分析细胞器的结构；在直观了解细胞器的结构之后，引导学生分析不同结构细胞器所具有的功能，从而形成细胞器结构和功能相统一的观念，并将该观念延展到其他相关知识的学习中。在这一过程中，利用实物模型让学生对所学知识建立直观感受，同时辅以教师的引导，促进学生完成由直观的认知到抽象思维的跃升，并将这种抽象的思维落实到具体的实践中。

随着信息技术的发展，具有趣味性、交互性的多媒体教学、3D 三维立体打印技术、数码互动显微镜技术等的出现，能够将抽象的内容具体地展示出来，调动学生的学习兴趣，激发学生的思维，从而完成直观教学情境的创设。

在"群落的演替"一节里，利用多媒体直观地将群落演替过程展现出来，学生在这个过程中逐步认同"群落是演替的"这一观念。直观教学情境下，科学思维和探究能力的培养都是建立在学生的直观认知之上，学生能够通过表面的直观认知去探索深层次的本质规律，在整个过程中培养辩证思维和逻辑思维。

3. 创设问题性教学情境，发展生物学学科核心素养

学习始于思考，思考源于疑问，教师可将生活实践或具体的新闻事件与生物学知识结合起来，设置悬念或创设趣味问题情境，激发学生的探究兴趣，使学生乐于创新，认识到生活中处处蕴含生命规律和本质，发展形成正确的世界观和价值观，同时也使学生对生命、社会增添一份责任感。通过课堂中的情感交融、批判、质疑、合作与交流，让学生在课堂中真实地成长。在这种基于生活实际的探究过程中，学生能够以事实和实验结论为依据，归纳得出科学概念，促进科学思维的发展。

二、核心素养下高中生物教学情境创设策略的运用

在生物学教学实践中创设并运用情境，以更好地达成发展学生学科核心素养的教育目标。

（一）创设实践性问题情境，推动科学实践活动开展

在国际科学教育发展进程中，经历了"将科学作为知识"到"将科学作为探究"，再到"将科学作为实践"的转换。生物学是实践的科学，因此，生物学教学要高度关注科学实践情境的创设和应用，让学生感悟科学家科学实践的过程，提炼科学研究的基本原则与一般方法，认识科学本质，发展科学思维，进而建构生命观念，树立社会责任。

情境创设策略在科学教学实践中的应用主要包括认知学徒制、抛锚式教学与学习共同体等形式。在科学教学实践中，教师可以根据教学内容与学习目标，特别是科学实践活动的内容和目标，优选情境，并根据情境创设实践性问题，通过师生合作、生生合作，一起解决这些实践性问题，形成结论。在此过程中，学生习得知识，掌握技能，凝炼观念，发展科学思维，提升社会责任意识。在实践共同体内，每一个成员都有独特的兴趣与专长，而且都能得到其他人的承认与赞赏，共同体也给每一个成员都提供承担多种任务分工的机会，学习不同的事物，从而使每个成员都能得到发展。学生通过参与科学实践共同体这种真实情境的学习，可以体会到即使是一般性知识也只能从具体情境中获得，进一步理解知识具有不确定性的特点，并在实践中提升科学探究能力和思维品质。

（二）创设探究性问题情境，促进学生主动探究学习

科学探究既是学习内容，也是学习方式，还是科学本质属性之一，更是揭示科学本质属性的重要途径。从生物学课程性质来说，生物学教学必须开设丰富的学生实验等探究活动，让学生在科学探究中理解概念，发展思维，提升能力，形成品格。

从情境创设角度来说，探究情境的创设使教学更具有悬疑性、真实性、实践性等特征，而且，较一般陈述性情境而言，探究的情境更加丰富多彩，引人入胜，其中的新颖性、丰富性和不确定性会让学生更加热爱这种充满挑战和惊喜的学习方式。

基于科学探究的情境创设，其主要目的是使知识能在适当的环境中着锚。在教学实践中，建议教师要为学生创设一个完整的科学探究情境，这个情境要能提供足够的机会，让学生参与科学探究的全过程，从不同的角度去探索、体会知识的意义和作用，发展合作意识与交往能力，提升对于科学本质的理解，从而发展学科核心素养。

（三）创设生活问题情境，做社会性科学议题论证教学

传统教学常忽视学科知识与生活世界的联结融通，使教学内容被严重窄化，削弱了教学之于人类生活意义的价值与功能。情境学习理论所依赖的哲学基础应当是"情境理性"的知识观。哈贝马斯在《后形而上学思考》中提出了"情境理性"的概念。情境理性最

核心的思想就是人类的理性总是嵌入在具体情境里的，并随着情境的变化而变化；先验的、抽象的、普适的理性是不存在的。每一种情境都是人类在某一个特定的时空点上发生着的认知过程与人生体验。

生物学教学不能只强调学科逻辑和生命体的结构组成，还应该引导学生把探索的目光投向个人生活和社会性议题。其中，社会性科学议题教学主要强调科学与社会的相互影响，引导学生关注社会生活。将科学研究与发展和对社会道德与伦理的思索有机结合，对科学思维、社会责任等学科核心素养的培育大有裨益。在教学实践中，教师应根据教学内容和目标，选择疾病与健康、环境与资源、科技与伦理、科学与社会等既贴近学生生活实际，又关乎社会发展、人类生存、文明进步的社会性科学议题，创设真实生活中的问题情境，促进学生能积极、客观、辩证地看待这些议题，提升社会责任意识。

教师还应致力于思考如何利用各种技术来发挥创设情境中各因素的作用。例如，如何利用交互式计算机网络技术设计有效的互动方式，获得丰富的情境性信息资源，提供高度真实的模拟学习环境等，以提升学生包括生物学学科核心素养、信息技术素养在内的多种核心素养。

第二节　核心素养下高中生物教学的合作学习策略

"高中生物学课程以发展学生学科核心素养为宗旨，着眼于适应未来社会发展和个人生活的需要，从生命观念、科学思维、科学探究和社会责任等方面发展学生的学科核心素养"[①]。学科核心素养的发展，依赖于教与学方式的转变。合作学习是一种非常重要的学习策略，对发展学生的合作与交往能力具有重要的作用。在生物学教学中实施小组合作学习就是在班组授课条件下，将学生个体间的学习竞争关系改变为组内合作、组际竞争的关系，将传统教学中师生之间单向或双向的交流改变为师生、生生之间的多向交流，把学生的自主探究与小组的合作探究有机地结合起来。

合作学习是以合作学习小组为基本形式，系统利用教学中动态因素之间的互动，促进学生的学习，以团队成绩为评价标准，最终达成教学目标的教学策略。合作学习要注重合作的自主性、互动性、生成性；合作学习应该以知识为载体，通过合作学习指向学生的学科核心素养的培育。

---

① 崔鸿，解凯彬：《发展生物学学科核心素养的教学设计：从理论到实践》[M]，北京：人民教育出版社，2019年版，第141页。

一、核心素养下高中生物教学合作学习策略的要点

（一）巧妙开展合作学习，促进概念自主建构

巧妙开展合作学习，有助于学生运用批判性思维，通过归纳比较、建构模型等思维方法，逐步建构科学概念，并采用绘制概念图等方式，建构概念体系，进而凝炼生命观念。

例如，在教学"DNA分子的结构"时，学生在老师的引导下，通过小组合作学习，合作建构了四种模型——脱氧核苷酸模型、脱氧核苷酸单链模型、双链DNA分子平面结构模型、DNA分子立体结构模型。再通过后续多个学生合作学习活动，加深了对DNA的结构与功能关系的理解，有助于结构与功能观的形成。在"有闻必录"提到的"细胞的能量'货币'ATP"教学中，可以在学生自主学习和收集资料后，课堂上开展分组讨论，并分组制作ATP结构简式，进一步探讨ATP与ADP是怎样相互转化，在此基础上探讨ATP的生物学功能。在学习完主体内容后，师生共同归纳总结，帮助学生更深入地系统理解"ATP"相关知识，构建知识体系。

（二）重视合作学习内涵，保证学生学习品质

在合作学习教学中，应有适当的自主独立思考的时间，有效形成学生的初始体验，夯实合作的"根基"，才能成功搭建合作的"体系"。有些教师在匆忙介绍了本节课的教学目标后，便让学生活动，教室里立刻热闹非凡。但往往最后安排的汇报、交流与检测情况很不理想，也就无法真正发展学生的学科核心素养。

例如，在"DNA分子的结构"教学案例中，教师在课前就做好充足的准备，正确恰当地引导学生合作建构四种模型，又在课堂上一步步地引导学生思考，最后，学生自己能够总结发现DNA分子的多样性和特异性，进而理解DNA分子的结构特点（如稳定性、特异性）与它的遗传功能密不可分，促进结构与功能观的形成。自主与合作相结合，才能相得益彰。在课后的拓展延伸中，教师指导学生制作宣传片，将自己所学的知识传播给更多需要的人，提升了学生的社会责任意识。

在"人类遗传病"教学案例中，以具体的遗传咨询为情境，开展患者、遗传咨询医师的角色扮演，并进行主题讨论活动。在紧张的氛围之下，让学生真实体验医生的辛苦和患者的焦虑。基于学生对于遗传病的认识，让学生参与个人与社会事务的讨论，作出理性解释和判断。

在"细胞膜的结构和功能""人体的内环境与稳态"教学中，都可以通过角色扮演，让学生感受人体是众多独特细胞组成的整体，每个细胞离开整体都不能存活，每个细胞又

对整体有独特贡献，从而真正理解生命科学的系统性。

（三）恰当组织合作学习，助推科学思维发展

合作学习能使学生把被动学习变为主动参加，不应使学生被动参与，甚至有抵触情绪，而应使其成为学生主动参与合作学习的过程。学生不能主动参与的原因，可能源于在教学实践中，学生及教师对合作学习的认识还不足，特别是对合作学习的理论依据、教育功能、运作理念、分组模型、合作方式等认识不够深入，许多时候仅关注和停留在形式上，不能充分调动学生学习兴趣。

合作学习中小组成员分工是达成学习目标的一个很重要因素。每次合作学习均应让每个学生明确自己的具体分工。在教学实践中应加强对学生合作学习的指导，无论选择哪种分组模型，均应合理分工，明确个人任务。

合作学习的目的是提高学习效率。每一个成员都必须对自己承担的任务负责，教师在指导学生分组及成员分工时，必须事先对每个学生的能力有正确的估计，分配给他相应的力所能及的学习任务。

（四）多种形式开展合作学习，提升核心素养

合作学习的形式多种多样，但形式应服务于内容。教学中，应根据不同的教学内容和目标，选择合理的合作学习形式，开展有效教学。

问题式合作学习是指教师和学生互相提问、互为解答、互为教师，既答疑解难又能激发学生的学习兴趣的一种合作学习形式。这种合作学习模式又可分为生问生答、生问师答、师问生答，抢答式知识竞赛等形式。在实施教学时，应根据学生的学习心理特征设置问题。

表演式合作学习即通过表演的形式，激发学生的学习兴趣，培养学生自主探究的学习品质，或作为课堂小结的形式，检验学生对所学知识的理解程度和运用水平。

在"蛋白质是生命活动的主要承担者"的教学中，可以在学生理解氨基酸结构、脱水缩合方式等基础上，指导学生完成合作游戏。活动时，每个学生代表一个氨基酸，以左手表示氨基，右手表示羧基，头表示 R 基，双腿并拢表示氢原子。全班随机分成若干组，每组学生手拉手排成一列（手拉手的过程表示脱水缩合），最终形成的纵列代表一条肽链，全班所有肽链构成一个蛋白质分子。这种表演式地模拟氨基酸脱水缩合过程，引导学生进行观察、讨论，发展学生的分析、建模等思维，学会运用科学的思维方法认识事物、解决问题，促进了科学探究能力的提升。

讨论式合作学习即让学生对某一具体内容或观点进行讨论，在讨论的过程中，采用批判性思维，审视自己和别人的观点，不断修正完善自己的观点。

在"转基因生物的安全性"教学中，可以安排学生在自主学习和收集资料以后进行辩论，让学生在讨论中进行合作学习，修正自己对于转基因生物的安全性观点，并提升自己的科学思维能力。

论文式合作学习是指教师带领学生开展社会调查实践，并指导学生以论文的形式汇报社会实践的成果。此类活动一般每学期举行 1~2 次，时间一般安排在寒暑假。

例如，在"生态系统的稳定性"一节的教学完成之后，以"太湖水污染事件"为课程资源，让学生关注周边的环境污染问题，分小组开展调查太湖水污染的课外课题研究活动，加深学生对生态系统稳定性的理解，进一步凝练稳态与调节观。通过汇报交流，进一步加深对于有关生态学原理的理解，同时也能提升学生的信息技术素养。这与课标要求的"结合本地资源开展科学实践，尝试解决现实生活问题"的理念高度吻合。在"人类的遗传病"教学中，也可以开展"调查和统计人类遗传病"的活动，在合作学习活动中发展学生的学科核心素养。

二、核心素养下高中生物教学合作学习策略的运用

合作学习意识与能力的形成，不是一两节课就能达成的，这依赖于教师与学生、教师与专家、学生与专家，特别是学习小组成员之间不断的磨合与训练所形成的一种良好的合作意识和交往能力。培养学生合作学习时的思维方法、表达能力和合作意识，既是发展学生学科核心素养的要求，更是让学生终身受益的素养与品质。

（一）指导学生课前自主学习，为合作学习奠定基础

长期以来，小组合作学习难以真正高效开展的一个重要原因是不少学生在课堂中根本不知道需要讨论交流哪些问题。学生因不知道需要交流的问题，从而不会交流，也不愿交流，最终讨论交流活动成了少数性格外向、语言表达能力强、思维活跃学生的个人秀，其他学生成了听众和观众。为了让每个学生都能积极主动地参与讨论交流，首先需要解决的是让每个孩子对讨论的问题有所知、有所想。以往学生自己的预习有较大的随意性，往往只停留在浏览一遍教材内容，缺少深度思考，预习质量往往不高，导致预习形同虚设。为此，教师在课前需要提供优质的课前导学、导问设计，教师可以在课前事先录好微课视频，通过"群作业布置"下发自主学习任务单，以促使学生提前查阅资料，或提前进行实验、制作模型，甚至开展调查访问等，思考将要学习的内容与已有知识间的关系，以及学习者本人对于新概念理解的困难之处，以调动学生的积极性，促使他们自己去获取知识、提升能力，做到自己能发现问题、提出问题、分析问题，甚至解决问题。经过课前自主学

习，学生能够初步了解教材内容，找到重点和疑难问题，带着问题听课，达到有效提升课堂注意力的效果。

通过学生的课前查阅资料、动手操作，让学生在"学中做""做中悟"，有利于促进学生主动学习，深度学习，并愿意进行师生间、生生间的沟通交流，突破学习难点，建构知识体系。在课堂小组合作交流中，带着问题去交流，也有助于学生建立自信、掌握知识、凝炼科学思维品质，提升合作交往能力。

（二）依据分组，引导学生基于任务分工开展合作学习

每个学生的学习基础不同，思维方式也不尽相同，教师在布置合作学习任务分工时，为提高学生的参与度，在分组时要尽量采用"组内异质，组间同质"的方式进行小组划分。任务也要有一定的层次性，问题设置由易到难，活动难度逐渐加深，让每个学生都能参与进来，并能在教师的步步引导下，顺利完成教学任务。

合作学习教学策略最大的难题是学生的思考、讨论、归纳及小组代表交流需要时间，老师的引导、总结也需要时间，而学习任务并没有减少，这会导致课堂时间比较紧张。因此教师除了在课前需提前完成分组之外，还应在课堂中以简洁的语言明确每个小组的任务，并在课堂内外的指导过程中有意识地培养小组的合作学习习惯，提高小组合作学习的效率。

（三）注重合作学习中探究能力和思维水平的提升

一个人独立思考问题，很有可能考虑不周全。在合作学习过程中，要引导学生以三人行必有我师的态度，取长补短，相互补充，相互激励，运用科学思维开展科学探究。例如，在生物学实验设计中，对于无关变量的控制、对照实验的设置、因变量的观测等，如何表述更加科学严密，这些都依赖于集体的智慧不断完善。

在开展探究实践、课题研究等学习活动时，更要强调学习小组内各成员间的合作，以及学习小组和教师的合作。教师要给予学生的探究实践活动以方向性、科学性、安全性等方面的指导，而对于组内成员的具体分工，则可以少管或不管，让合作小组内的每一个成员都能发挥自己的特长，在实践中寻找交流合作的渠道与方法，并激发学生积极主动地探索问题解决的方法，合作完成探究任务，提升自信心，发展科学探究能力和思维水平。

（四）建立多元评价机制，以评价激励促进合作学习

合作学习策略的运用，要特别重视评价的引导、激励作用。合作学习的评价，应致力于创建一个主体多元、方法多样，既关注学业成就又重视个体进步和多方面发展的科学评

价体系，如诊断性评价、形成性评价、终结性评价与发展性评价等，不排斥纸笔测验评价，更重视表现性评价。合作学习要建立多元评价机制，以评价激励促进合作学习，倡导合作、交流、协商解决问题，要将评价始终落在促进每一个学习者学科核心素养发展上。

在合作学习中，评价要注意"实在"，通过合作学习，让学生获得更多的成就感，让学生认识到有一定担当的人会得到别人的赞同，从而帮助学生形成"服务社会、造福他人"的态度和价值观，为学生将来踏上社会，并成为健康中国的促进者和实践者打下坚实的思想基础。

在合作学习过程中发展形成的合作精神、交往能力和集体主义精神，有助于进一步培养学生的探究能力和创新精神，也有助于培养学生正确的竞争意识和良好的竞争能力，从而使他们适应人类社会的发展需求。

第三节 核心素养下高中生物教学中的 PBL 策略

在教师主宰的课堂中，学生的自主学习、问题解决、主动思维、合作探究等能力都不可能得到真正的提升。要想把课堂还给学生，PBL 策略不失为一种行之有效的手段。PBL 策略是一种以学习者为中心的教学方式，是基于真实情境的问题，以问题为核心的高水平的学习。

PBL 策略是基于现实世界问题、以学生为中心的学习方式，它强调把学习设置到复杂的、有意义的问题情境中，通过学习者的合作来解决真正的问题，从而学习隐含在问题背后的科学知识，形成解决问题的技能和自主学习的能力。PBL 策略强调以学生的主动学习为主，将学习与更大的任务或问题挂钩；使学习者投入问题的解决中；设计真实性任务；鼓励自主探究；激发和支持学习者的高水平思维；鼓励争论；鼓励对学习内容和过程进行反思等。与"做中学"及发现学习相比，PBL 策略有一些新的特点，如强调以问题解决为中心、多种学习途径相整合，强调社会性交流合作的作用，强调支持与引导等。运用 PBL 策略组织教学，有助于发展学生的生物学学科核心素养。

一、核心素养下高中生物教学中 PBL 策略的要点

（一）正确运用 PBL 策略有助于形成生命观念

生命观念是生物学学科核心素养的基础与支柱，生命观念的建立能让学生更好地理解生命的意义和人生价值，自觉珍爱生命，是生命教育的起点。生命观念不等同于生物学的

重要概念，是众多概念的归纳、总结和提炼。例如，在"蛋白质是生命活动的承担者"教学中，教师利用PBL策略，即由若干个问题构成的问题串，引导学生分组构建氨基酸、多肽的分子模型，通过"做中学、学中做"，使抽象的生物学知识具体化，使学生容易学习。在氨基酸的结构与脱水缩合、蛋白质的多样性和特异性、多肽的水解等环节均使用了学具，通过设计活动串联教学内容，依据学生的"最近发展区"设置具有一定梯度的任务，有利于学生理解"氨基酸是蛋白质的基本单位，蛋白质的结构与功能相适应"等重要概念，在这个过程中，结构与功能观、蛋白质的多样性与特异性等悄然入脑、入心。

PBL策略教学模式的核心和起点是进行相关的项目设计，即教师通过设计好的一系列问题来指引学生共同完成一个完整的项目而开展的教学活动。例如，在"DNA是主要的遗传物质"教学片段中，根据学生认知水平的发展设置了一系列问题，引领学生层层深入地进行思考，模拟科学家的思维方式，观察实验现象，发现问题，尝试着解释问题，合理地设计实验去探究。

在实施PBL策略教学活动中，学生会面对许多问题，他们会发现哪些知识是已知的，哪些是需要进一步学习的。在已有知识和新内容之间正是PBL学习、高级思维，特别是创新性思维的切入点。在"植物生长素"教学过程的伊始，教师利用身边常见的植物向光性现象引起学生的注意，再利用一组问题引发学生思考。人的思维是建立在感性认识基础上的，联系生活实际，通过类比、联想的形象思维逐步向推理判断的抽象思维转化。因此，在PBL策略教学中，教师通常以学生原有知识结构为基础设计项目、提出问题，促进新旧知识结构之间的联系和沟通，以此为基础，激发学生主动建构新的知识体系，提高科学思维能力。

（二）运用PBL策略有利于发展科学探究能力

恰当运用PBL策略有利于发展科学探究能力。在教师营造的宽松、活跃气氛中，鼓励学生进行交流讨论、互相帮助，在合作中培养学生责任感、使命感。实验过程中教师要减少干预，培养学生的独立性，教师只是辅助指导。实验结束后，教师要及时组织学生进行讨论、分析、总结，让学生在交流中碰撞出思维的火花。例如，在"酶的特性"的教学过程中，教师可以利用嫩肉粉引出话题，结合PBL策略，要求学生通过设计实验来验证自己的观点。在探究过程中，实验小组则给学生提供了一个自主探索、合作学习的平台，让学生充分发挥聪明才智，去探究、去总结。

PBL策略下的学习过程实质是学生通过自主探究和合作来解决问题的过程，学生成为问题与知识的发现者，教师只是起引导作用。这样学生在课堂上能够自主发言，不受任何拘束，充分自由地表达自己的观点，并且能够方便快捷地获得同学、教师等反馈的信息，直接调动参与学习活动的积极性，形成解决问题的能力和自主学习的能力。

（三）巧妙运用 PBL 策略引导生物知识的应用

随着生物科学的急速发展，生物科学技术越来越多地与我们的日常生活形成交集，例如转基因食品、基因检测与治疗、胚胎分割与移植等。这些内容一方面受到我们的关注与期待，另一方面也引起我们的担心和疑虑。学习生物学就需要我们具有一定的社会责任意识和担当能力，要在基于生物学的认知基础上去参与相关的讨论，作出理性的解释和判断，尝试解决生活中的生物学问题。

PBL 策略下的教学模式无一例外地选择了小组合作学习的方式，在小组中，不同的角色所承担的任务是不同的，大家可以各抒己见、释疑解惑、求同存异。通过这种模式可以提升学生利用生物学知识解决实际问题的能力。

二、核心素养下高中生物教学中 PBL 策略的运用

PBL 策略强调以学生主动学习为主，同时也强调学习活动以问题为导向，注重将相关问题引入特定情境中，让学生在情境之中自主探究，解决问题，从而挖掘隐藏在问题背后的科学知识，有效训练科学思维，发展科学探究能力，培养团队合作意识，建立科学的知识体系。这对教师如何把握问题的提出和使用提出了很高的要求。在教学中，教师应合理运用 PBL 策略组织教学，发展学生生物学学科核心素养。

第一，明确目标，精选问题。作为 PBL 策略的核心——问题的选择需围绕学科核心素养的教学目标而提出。选择的问题忌多，更忌散，要紧扣学生核心素养发展的关键点设问。选择的问题要有一定的难度，学生需要在自主思考的基础上，通过小组活动的方式加以讨论解决。问题要有一定的启发性，让学生的科学思维和探究能力得以充分发展；还要有一定的层次性，应在"最近发展区"设问，为学生的思维发展搭建扶梯，各个问题之间也应具有一定的层次性；此外，问题应有一定的深度，能引起学生辩证、深入地思考问题本质，在建立概念、形成观念的同时，发展科学探究能力，提升社会责任意识。

第二，创设情境，巧设问题。创设贴合学生实际生活，接近并略高于学生现有知识水平，且"接地气"的问题情境，把问题与情境有机结合在一起，贯穿始终。如"嫩肉粉的使用方法与影响酶活性的因素""荧光兔的培育过程与基因工程"等，这些情境不仅可以激发学生的探究欲望，更多地可以成为 PBL 策略中设置问题的载体或背景。这样形成的一系列问题具有逻辑呈递关系，具有引导、启发思考的作用，在解决问题的过程中建构概念、形成观念，更好地为思维和科学探究能力的发展服务。

第三，充分活动，用好问题。教师可以围绕问题开展多种形式的学习活动，如合作讨论、自主学习、查找资料、讨论论证、调查访问、科学实验及模型建构等。这些活动可以

利用课堂的时间，也可以利用课外的时间，让学生以小组为单位，开展有效的合作，让学生能理解问题、解决问题、得出结论、学会方法、提升素养。同时也可以此为契机，提出新的问题，为以后的学习提供铺垫。

第四，回归生活，凝练素养。问题的解决并不意味着学习的结束。教师要很好地利用学生在问题解决过程中得到的结果、结论，帮助学生提炼形成相关概念，进而发展形成生命观念乃至形成科学大概念。教师要引导学生去观察现实生活中相关的生命现象或社会性议题，利用概念、观念去解释相关现象，或设计具体问题的解决方案，发展学生的社会责任。

第四节　核心素养下高中生物深度学习教学策略

核心素养理念下高中生物深度学习教学策略具体如下：

一、在教学实验中锻炼学生质疑与探索精神

高中生物作为一门实践与理论并重的学科，单纯的理论教学根本不足以将其奥秘展示出来，学生只有亲眼看到实验过程或者亲身参与实践，才有可能理解到生物知识的真正内涵。所以，教师要在实验过程中适度放手，让学生自己发现问题、解决问题，还要引导学生对定理知识主动质疑和验证，从而锻炼学生的质疑思维和探索精神。例如，人教版高一生物必修一的第四章第一节有一个经典的植物细胞吸水和失水实验。通过这个实验，学生可以深刻认识到"植物细胞的原生质层相当于一层半透膜"的道理，而且这个实验还可以帮助学生理解后续的"物质跨细胞膜运输"知识。所以在讲解这个实验时，有条件的教师可以在实验室开展这一课的教学，让学生从制备材料开始直接参与实验过程，并且让学生通过显微镜亲眼看到洋葱鳞片叶表皮细胞在不同溶液中的变化。这样，从溶液配比等准备工作就开始参与实验的学生，对最后的实验结果自然就会产生更深的思考。

二、依据课本内容培养学生的生物学科思维

高中生在面对生物、化学这样的科学研究型学科时，必须先具备一定的科学思维，这样才能以探究和发展的眼光去学习知识和理论。高中生物教师可以在课本知识讲解的过程中将知识理论进行拆分重构，然后逐步引导学生进行深入探索，让学生通过自行研究掌握这些理论知识。这样，学生的科学思维就在不知不觉中得到培养。例如，人教版高一生物必修二的第一章记载了孟德尔通过豌豆杂交实验发现遗传规律的全部过程。教师可以带领

学生还原和思考孟德尔的豌豆杂交实验，带领学生感受其中所蕴含的科学思维。同时，教师还可以让学生根据孟德尔的实验过程自由讨论，让学生思考实验结果所代表的生物理论知识。

三、在课堂上树立学生生命观念与社会责任

生物学科研究的就是生命的起源与发展，所以高中生物教师必须在开展教学工作之初就培养学生正确的生命观念和社会责任意识。同时，对生命怀有敬畏之心，对社会负有责任意识的学生，才能真正理解生物学习的内涵，取得更加优异的成绩，甚至未来有机会在生物学科领域有所建树。例如，教师在人教版高三生物选择性必修三的第四章中，就可以着重讲述人类活动对生态环境所造成的影响，帮助学生正确认识人与自然。大多数人类活动对生态环境都会造成破坏，但是有些人类活动会让生态环境向着好的方向改变，例如植树造林、荒漠化治理等环保活动。教师可以通过多媒体教学工具来展示地球生态环境的变化，让学生通过照片和视频直观地看到动物、植物因为人类活动而遭受的伤害。这样，可培养学生正确的生命观念，使他们对生命产生敬畏之心，而且这样的生物教学也会激发出学生的社会责任意识，让他们对自身的一些行为产生新的思考。

四、用思维导图帮助学生构建生物知识体系

教师可以通过思维导图帮助学生梳理各个生物理论知识之间的关系，让学生建立起完整的生物知识体系，从而有效提高学生的生物知识水平。同时，在学生构建知识体系的过程中，教师还可以帮助学生查漏补缺，引导学生对生物理论知识进行更深层次的思考，而且学生在形成生物知识网络的过程中，思维逻辑也会得到加强和锻炼。例如，人教版高二生物选择性必修一揭示了人体的部分奥秘，教师可以在期中总结时帮助学生绘制人体生物知识的思维导图，帮助学生梳理出人体生命活动调节网络：教师首先可以带着学生深度学习人体的内环境与稳态这部分知识，然后从"神经调节""体液调节""免疫调节"这三个角度详细讲解人体的自我调节方式，最后帮助学生串联起"神经系统""人体激素""免疫系统"等细化生物知识，再逐渐形成人体的"神经—体液—免疫"的调节网络。这样，教师就可以帮助学生对人体建立起深入而广泛的生物认知，进而提高学生的学科素养，甚至是引导学生走上医学或生物研究的道路。

第六章

核心素养下的高中生物深度学习评价

第一节 高中生物教学的终结性与过程性学习评价

一、高中生物教学的终结性学习评价

（一）高中生物教学的纸笔测验

纸笔测验是评价的一种重要手段，是教学过程中最常见的评价方式之一，在体现课程改革的理念，提倡多元化评价的同时，要充分利用好传统的纸笔测验。如果充分发挥其诊断、改进、激励、促进的评价功能，并真正达到新课标所规定的要求，则评价的目的就不仅是为了考查学生达到学习目标的程度，更是为了检验和改进学生的学习和教师的教学，改善课程设计，完善教学过程，从而有效地促进学生的发展。

1. 纸笔测验的现实意义

在实施新课程的过程中，如何对学生进行评价是一个沉重的话题。当我们面对传统的纸笔测试时，许多问题就会显现，例如，纸笔测试是不是已经过时了；传统纸笔测试的不足有哪些；这些不足是不是不可改变；在新的形势下，如何对纸笔测试进行创新，使它在发挥自身优势的同时体现新课改的精神；等等。

观念指导行为，当我们思考如何改革纸笔测试的时候，先要面对的问题是："我们评价的目的是什么；我们改革纸笔测试的目的是什么。"当我们把评价的目的定位在诊断学生的学习结果时，纸笔测验仍然是教学过程中最常见的评价方式之一。在提倡多元化评价的同时，要充分利用好传统的纸笔测验。纸笔测验也应在新的评价理念指导下进行必要的改革，核心是将学生的学业成就与受到重视的生物学教学目标联系在一起。

纸笔测验是直接翻译国外的 pencil and paper test 而来，传统常用的纸笔测验方式有选择、是非、填充、简答、配合等。此类考试方式由教师出一份考题，学生根据试题上的情

境作答，通常有明确的答案，所以有计分客观、易于施测和计分、题数多涵盖面广、适用范围大、符合经济效益、信度和效度高等优点。纸笔测验包括命题、施测和分析三部分。

2. 纸笔测验的类别划分

（1）诊断性测验。诊断性测验是在测量学生掌握某一部分教育内容的情况时使用，是一种具有诊断性质的测验，通过这种测验可及时看到学生的学习情况，直接获得教学的反馈信息，调整教学的进度和教学的方式、方法。这种测验一般在课堂上进行，学生的情况通常比较相近。测验的安排，多为主讲教师根据本人教学的需要自行命题，灵活性比较大。学生的成绩，主要作为了解教学情况之用，不一定作为衡量水平之用。这种测验的范围比较小，内容比较集中，目标单一。试题往往只围绕一个核心进行命题，关键是能否抓住考查内容的重点和难点，抓住了才能促进教学。在试题的设计上，要十分注意其诊断作用，即：通过试题的解答，能清楚地反映学生对某一特定的知识点和教学方法是否理解和掌握，有时还得反映其熟练程度和深刻程度。一般说来，不宜采用综合性试题。

诊断性测验主要特点在于：第一，诊断性测验一般注重于与诊断相关的目标，对每一特定的目标需要包括大量题目，每个题目之间只有很小的差异；第二，测验题目依据于对成功学习特殊技巧的详细分析以及常见的学习错误的分析研究；第三，题目难度一般较低，重在确定学生所犯学习错误的类型以及学习困难根源所在；第四，诊断性测验一般限于课程教学中有限部分的内容，且通常按若干部分的测验分数与测验记录来分析，很少用于测验全部内容。

（2）成绩测验。学生在一定阶段的时间内，完成了某一教学大纲或教材的学习，为了检测他们的学习成绩，往往对其进行成绩测验。例如，每学期的期中、期末，甚至升级、毕业测验，都属于这类测验。这是一种检查学习进度的测验，测验内容为所考查的阶段内的教学内容，试题的命制，可看作对所考核的教学内容进行抽样。这种抽样，不应认为是随机抽样，而应该认为是能比较好地反映教学内容的全貌的抽样。因此，必须对教学内容和教学要求做深入的分析，弄清其中的主次轻重。命题才应把握住基本的和重点的内容，而且在设问上也应考虑不同的层次要求，使之通过测验能较好地反映学生对所学内容的掌握程度，包括学到手的知识之多寡以及理解和掌握的程度。如果采用百分制来评定成绩，得 60 分也就应该是相当于掌握了 60% 左右的教学内容。如果试题的知识覆盖面太少，或者覆盖的多为次要部分，则难以实现这样的测验目的。在试题的难度控制上也有同样的问题，太浅、太深都会使测验失效。这类测验通常是按班级进行，而且多数情况下，由教师根据所教的内容自行命题。因此，校际测验成绩往往难以比较，也难以用它来评估学生，因为它缺乏统一的标准。

（3）学能测验。学能测验旨在测量学生完成某项任务的能力倾向。这些能力倾向，在很大程度上带有潜在性，即在测验时，学生也不一定已具备这些能力，而只是具备发展这些能力的基础和倾向。这类测验的命题并不完全根据以往的教学内容来命题，更主要的依据是对学能结构的分析，对以往的教学内容的分析。作为命题的取材，往往是选用那些可作为学能基础的内容，在要求上也不一定局限于教学要求这个层次上。这类测验往往带有选拔的性质，应有较好的区分度，使能力倾向的大小和优劣能得到较为细致的区分。

（4）目标参照性测验。目标参照性测验也称为目标参考性测验，或者尺度参考性测验。凡是评分时参照某一事先规定好的尺度标准和目标，并用评出的分数作为学生成绩的反映和标识，这样的测验统称为目标参照性测验。一般说来，单科（或单项）的成绩测验和水平测验多属于目标参照性测验，而多科的水平测验则往往介于目标参照性测验与常模参照性测验之间。目标参照性测验所给的分数并不考虑其他学生的情况，只是相对于给定的标准加以评定。只有达到规定的目标标准或尺度标准才算通过，或称及格、达标。分数的解释离不开具体的试题，孤立的一个分数也反映不出学生成绩在全体学生中所处的地位。不同学校、不同时间的测验成绩缺乏可比性。在目标参照性测验中，可能全体学生都达到及格，也可能全部不及格。社会上许多任职资格测验也都属于目标参照性测验，通过测验，并达到及格，才能领取从事该项工作的证书或执照。

（5）常模参照性测验。常模参照性测验也叫常模参考性考试。在这种测验中，反映学生成绩的分数与目标参照性测验不同，它不是以事先制定的尺度标准为参照点，而是参照某个常模来反映学生的分数。这里所说的常模是指：某一学生群在测验中的成绩（通常，用该群考生的卷面分数的平均分与标准差来刻画这个成绩）。换言之，常模参照性测验中，反映学生成绩的分数是结合其他学生的成绩来给出的，从所给的分数便可看出学生在某群学生中的地位，是优是劣，一目了然。这样做，对于以选拔为目的的大规模测验，无疑是必要的。这是因为：选拔一个学生，就必须将他与其他的学生进行比较，分辨优劣，才能决定取舍，不能光看他一个人的测验卷面分数，这个道理显而易见。事实上，在常模参照性测验这个概念及其给分方法提出之前，人们已经明白这个道理，也已懂得用排名次的方法解决这个问题，即用序数来反映学生的测验成绩。

在常模参照性测验中，测验的内容和要求，同样必须根据测验的目的和用途，给予明确的规定。命题时，同样要力求准确和稳定地反映这种规定，试题不能忽易忽难，波动太大。同时，命题时，必须更好地了解学生的实际，提高试题的区分度，使测验结果的卷面分数（通常称为原始分）尽可能切实地反映学生的成绩，这是建立"常模"的基础。

3. 纸笔测验的命题分析

（1）新课程理念下命题指导思想的转变。

第一，命题要体现新课程理念，体现创新精神。新的课程体系需要新的教学观念指引，而新的教学观念将最终由新的评价观念来体现。作为教学的重要一环，考试评价对教学活动起着重要的指导和引领作用。因此命题要体现新课程的理念，与新课程相适应，如注重联系时势热点、注重联系生活实际、注重对学习过程的评价等。

第二，命题要注重人文关怀，要有利于考生发挥水平。新课程提倡以学生为本，关注每一个学生的成长过程，这就要求我们实现试卷与学生的对话，在原来试卷命题的基础上，摒弃那种陈旧的、呆板的、专制的、沉闷的、封闭的内容，增加一些新颖的、开放的、自由灵活的内容，进一步关注学生，指向学生，服务学生。考试要为考生服务，考试的本质是为考生认识自我提供服务，所以要求题目是友善的，不要为了显示命题教师的水平而故意刁难学生，特别是题目陈述，即题干部分不要为难考生。命题要从考生的实际出发，提高试卷的亲和力，增强试题的趣味性，有利于考生发挥主观能动性，通过考生的考试水平识别考生发展水平。

（2）命题技术。高中生物科的考试按照"考查基础知识的同时，注重考查能力"的原则，确立以能力立意命题的指导思想，在考查基础知识的基础上，注重对生物思想和方法的考查，注重对探究能力的考查，增加应用性和能力型的试题，加强素质的考查，融知识、能力与素质于一体，全面检测考生的生物科学素养，生物科的命题注重展现生物的科学价值和人文价值，同时兼顾试题的基础性、综合性和现实性，重视试题的层次性，合理调控综合程度，坚持多角度、多层次的考查，发挥生物科考试的区分选拔功能和对高中生物教学的积极的导向作用。

高中生物课程标准和考试大纲确定了学科考试的总要求，在命题工作中如何贯彻指导思想，将对知识、方法、能力的要求落实到具体题目，组成一张理想的试卷则可依据一定的原则进行具体操作，这就是命题原则。命题原则是编拟试题、组成试卷时所遵循的行为准则。具体而言，高中生物命题的基本原则如下：

第一，体现生物学科特点。生物学是研究生命现象及其运动规律的科学，是自然科学六大基础学科之一，主要研究生命现象及其规律、生物体之间、生物与环境之间的相互关系，生物体个体发育和生物进化的规律及其在国民经济中的应用前景，它涉及当今国民经济持续发展的人口、环境、粮食、能源等全球性问题研究现实世界空间形式和数量关系的科学，生物学的学科特点是生命性、实验性、广延性。生物学科的研究对象和特点体现在生物考试中就形成生物考试的学科特点。

概念性强。生物是由概念、规律组成的逻辑系统，而概念是基础，是使得整个体系连结成一体的结点。生物中每一术语、符号和习惯用语都有着明确具体的内涵，这个特点反映到考试中就要求考生在解题时首先要透彻理解概念的含义，弄清不同概念之间的区别和联系，切忌将生物专业术语和日常用语混为一谈，更不应出现"望文生义"之类的错误。

系统性强，也有一定的思辨性。生物学科的知识是经过观察和实验总结出来的，这个特点源于生物的直观性、系统性和逻辑性，生命是一个开放系统，是在同环境进行物质交换的过程中呈现输入和输出，自身物质组分的组建和破坏才能存在和发展的系统。同时这个开放系统的重要特征是稳态（流动的平衡，不是封闭系统中的真平衡）、自主和自组织性；生物学科是实验性的学科，是知识性的学科，也是思维型的学科。因此，生物试题靠机械记忆，只凭直觉和印象作答的很少。为了正确解答，总要求考生具备一定的观察、分析和推断能力。

实验性和探究性强。实验性、探究性是生物科学的核心。探究不仅是一个逻辑的实证过程，而且是一个充满创造性思维的过程。加大对探究能力的考查，以实验设计题为代表的实验类能力题是近年来试题的一项重大革新。创造性思维是思维活动的最高形式，而设计实验的出现正是实现与其相关的考查目标的有效途径。实验设计题的出现，为考查探究能力提供了更广阔的空间，标志着在考查层次上达到了对思维能力考查的最高要求。在实验设计题中还可以加入对表达能力的考查。这项能力也是科学探究过程不可缺少的重要组成部分。探究的过程和结果离不开语言、文字、图表等的表达。因试题的开放性，简答题中要求学生书写的内容较多，实际也就意味着对表达能力的考核得到了加强。

生物试题的特点是高中生物考试命题的基础，在命题过程中应充分考虑这些特点，发挥生物考试的选拔机制，实现高考的选拔功能。

第二，控制试卷难度。高中生物教学的目的之一是为高校选拔新生，但其要求仍要以高中的教学为基础，因此，确定试卷的要求是命题的关键。《普通高中生物课程标准》和《中学生物考试大纲》既是实施教学的依据，也是高中生物命题的依据，试题考查的知识和能力要求都不能超出课程标准和考试大纲的规定。由于目前高中生物的考试对教学有较大的影响，生物考试的内容和形式都应当有利于高中生物的教学改革。

整份试卷要求的水平是通过试卷的绝对难度体现的。绝对难度可以理解为题目本身要求解答者所具有的智力活动水平的高低和智力活动量的测量。一般而言，题目能力要求的层次与题目绝对难度成正比，即只需要单独记忆内容的题目较易，需要理解掌握的较难，需要灵活应用的更难。所以，试题绝对难度反映了试题与学科知识、能力要求的适应程度。在选拔性考试中，通过控制绝对难度可以实现考试大纲所要求的水平。但更重要的是应控制试题要求的水平与考生知识能力水平适合的程度，即相对难度。因为，高中生物教学为实现其选拔功能，试卷必须对不同水平的考生具有良好的区分能力，使考生分数的分布有利于从高分到低分"拉开距离"，特别是要拉开每年的前20%可能被录取的考生分数的距离。因此，高中试卷的难度是由全体考生特别是成绩最好的20%的考生的水平决定的。经典测量理论中建立在平均得分率意义上的试题难度，本质上是从考生的角度评价试题的难易，即试卷与考生整体水平的适应程度。从这个意义上讲，控制相对难度比控制绝对难度更为重要。

根据教育测量学原理，大规模考试的整卷难度在0.5左右最为理想，可以使考生成绩呈正态分布，标准差比较大，各分数段考生人数分布比较合理，对考生总体的区分能力最强。但考虑到我国高中的评价方法和评价机制尚不健全，高中生物考试事实上对高中教学有着较强的评价导向作用，为稳定高中教学秩序，整卷难度控制在0.55左右比较合适。

第三，合理配置题型，发挥各种题型功能。试题的内容要求和能力要求是通过一定的形式呈现的。题型就是体现考试要求上有不同类型试题在考查不同知识和能力的要求上有不同的功能。一个考试所采用的题型，主要取决于考试目的、内容和误差控制等要求。近年来，高中生物考试选用的题型主要有四选一的单项选择题，四选多的多项选择题以及填空题，近年来，在实验设计题型和基于课本知识在真实情境中的应用方面也出现一些开放题。应从我国提倡的标准化考试的目的、性质出发，从本学科的知识与智能结构出发来确定题型及其比例。题型要为考试内容服务，内容决定了题型。

现行高中生物学科试卷三种题型的比例是40%、10%和50%。这是考虑到考试目的、学科特点、评卷工作量和评卷误差等多种因素，经综合平衡后确定的。高中生物题型配置主要由以下方面决定：

首先，由生物学科自身的特点决定。生物因为其学科特点，不但要考查考生应当掌握的生物知识，而且要考查考生必须掌握的生物方法，考查应用知识和方法的能力以及分析问题和解决问题的过程，即不但要在知识的领会层次上对考生进行测试，还要在运用、分析、综合和评价层次上测试考生的能力，因此必须保持一定数量的实验设计和应用题。实验设计和应用题作为一种主观题，要求考生写出解题过程，能够比较全面地反映考生学科智力水平，展示其分析生物问题，综合运用生物知识进行逻辑思维的过程，适合对发散、综合、评价、复杂运算、文字表达等高层次能力的考查。一定量的实验设计和应用题对高中生物教学也有较好的导向作用。实验表明，客观题比例越大，考生对生物知识原理的应用、生物术语的准确表达等方面则越不重视，教学上相对来说可能放松要求，对高中生物教学产生不良影响。但实验设计和应用题作为一种主观题也有其本身的不足，如对评卷者要求较高，题量少覆盖面窄，特别是难以实行机器评卷，评卷效率低，等等。因此，应定出合适的比例。

其次，由生物的考查目标决定。从考查目标来看，高中强调在考查知识的基础上考查能力，因此需要一定的选择题考查基础知识，达到一定的覆盖面。近几年来，选择题、填空题和实验设计及应用题前半部分的试题难度比较低，其作用之一是考查考生基础知识的掌握情况，发挥高中对中学教学的评价作用；再一个就是使有一定生物基础的考生都能入手做题，并取得较好的成绩，进而提高全卷的平均分，增强其学习生物的兴趣和自信。

再次，由考试时间和题量决定。从考试时间和题量看，生物科考试时间为120分钟，但覆盖面积要求较大，生物科有近130个知识点，为达到60%~70%的覆盖面，如果每题平均2~4个知识点，要有近30个题，显然靠实验设计和应用题是不可能很好地实现考查目的的，因此必须有一定数量的选择题以增加全卷题目数量，提高覆盖率，同时也可以提高考试的信度和效度，使实验设计和应用题真正发挥其考查综合分析、逻辑推理等复杂思维过程的功能。

最后，由阅卷的工作特性决定。从阅卷来看，尽管现在对选择题的功能还存在着很大的争论，但选择题阅卷速度快、误差小、效率高的特点，以及我国每年有几百万考生是不争的事实。为解决评卷工作量大、劳动强度高、误差控制要求严、时间紧迫等问题，只有增加选择题的比例，采用机器阅卷，减轻评卷教师工作量，以提高阅卷的速度和质量。

第四，注重整体设计，发挥结构效应。为发挥学科特点，体现高中的选拔功能，发挥整份试卷的区分作用，还应注意对整卷效应的研究。从系统论的观点来看，高中生物试卷是一个系统。系统是由元素和结构决定的，试卷是由试题和试题的结构组成的。系统的质量具有整体性，试卷的好坏取决于整张试卷产生的效应，而不仅仅是个别试题产生的效应。每一道试题都是好题，但拼起来不一定是一张好试卷。因此，设计一张好的试卷不仅要选编好的试题，而且要注意试卷的整体结构，发挥整体效应。

全面考查考生素质。在选拔中应强调，只有各方面的素质都比较好的学生才是高校所需的学生。因此，试卷应有合理的知识结构和能力层次结构。知识结构是指试卷中包含学科各部分知识的比例。在编制双向细目表时，应根据各部分内容的教学时数和普通高中对考生知识结构的要求，确定试卷中各部分知识内容的分数比例，全面考查概念、原理和规律等各项基础知识。试卷能力层次结构反映试卷对能力要求的层次和比例，试卷对能力要求的层次和比例，反映着考查的性质和要求。同样的学科知识内容，不同性质的考试，对能力要求的层次和比例是不同的。在考试中，应既考查生物知识能力，又考查一般认识能力，如观察力、注意力、记忆力、想象力和思维能力；既考查较高层次的能力，又考查较低层次的能力。生物考试中，考试目标包括基本方法的内容，因此还应注意结合各项知识考查生物科学方法。生物科的命题细目表应是三维表格，即知识内容、生物科学方法和能力层次。只有三者有机结合，并融入具体的一道试题，才能有效地全面考查考生素质。

对生物基础知识的考查，要求全面又突出重点，注重学科的内在联系和知识的综合。重点知识是支撑学科知识体系的主要内容，考查时要保持较高的比例，并达到必要的深度，构成生物试题的主体。学科的内在联系，包括各部分知识在各自发展过程中的纵向联系以及各部分知识之间的横向联系。知识的综合性则是从学科的整体高度考虑问题，生物科学思想和方法是生物知识在更高层次上的抽象和概括，它是在生物知识发生、发展和应用的过程中孕育出来的。因此，对于生物科学思想和方法的考查必然要与生物知识的考查结合进行，通过生物知识的考查，反映考生对生物思想和方法理解和掌握的程度。考查时，要从学科整体意义和思想含义上立意，注意通性通法，淡化特殊技巧，有效地检测考生对高中生物知识中所蕴含的生物思想和方法的掌握程度。对能力的考查，以逻辑思维能力为核心，全面考查各种能力，强调综合性、应用性，图形的处理与图形的变换都要注意与推理相结合。分析问题和解决问题的能力是上述三种基本生物能力的综合体现，对生物能力的考查要以生物基础知识、生物思想和方法为基础，加强思维品质的考查。对生物应用问题，要把握好提出问题所涉及的生物知识和方法的深度和广度，要切合我国高中生物教学的实际。

确定试题难易比例，提高试卷区分能力。试卷区分能力的强弱取决于试题区分度的高低，试题的区分度是试题对不同水平被试知识、能力水平区分鉴别的程度，区分度高的试题应使水平高的考生得高分，水平低的考生得低分。统计学中以考生在该题的得分与总分的相关系数计算区分度。为使试卷有较强的区分能力，试卷必须有合理的难易结构。试卷难易结构是试卷中试题难度要求的档次和比例。合理的难易结构可以使试卷整体难度满足试卷应具有的区分能力的要求。因为通常的高中试卷并不一定每道试题都具有高区分度，但测试诸如理解、掌握、综合运用和灵活运用等高层次的思维活动时，要有高区分度的试题。这类试题的特点是内容具有一定的深度和广度，知识点覆盖面大，考查的能力较高，题目综合性强，给应试者留有较大的发挥余地，学业优秀的考生得以脱颖而出，各种水平的考生能得到相应的分数，拉开考生的档次，有效地区分考生。为使考生产生良好的心理效应，发挥各种题型的功能，试卷难度按两级坡度设计。整卷是一个大坡度，而每种题型由易到难又是一个坡度。各种题型中试题难度的起点都比较低，特别是在选择题部分，起点题水平相当于高中毕业考试的水平。其目的是测度全体考生对基础知识的掌握情况，为教学评价提供参考。选择题最后几题的选项有较大的迷惑性，以此来区分基础知识掌握的深度和熟练运用的程度。实验设计和应用题变一题把关为多题把关，最后三题分别考查不同的内容并设置一定的关卡，区分考生综合和灵活运用生物知识分析问题、解决问题的能力。

控制试卷长度、卷面字数和计算量。试卷长度直接反映了试卷中题目数量，对实现考试目标有一定影响。题量过少，将不能全面考查各种知识、方法和能力，而且在客观上会助长猜题押题的风气；题量过大，多数考生在规定时间内不能答完全部题目，考试成绩与考生水平将会有较大的差距。生物知识彼此联系非常紧密，而且注重在一定情境中的综合应用。如果机械地套用语言测试的模式，题目很多，每题都很小，则只能简单地测试一些单个概念的记忆，既不能深入也不能综合，等于把知识体系肢解、割裂，抓不住生物科学系统的精髓。因此生物试卷中的题目，特别是选择题和填空题不能太少，必须有一定的深度、一定的综合性。生物试卷应注意难度考试为主的特点，试卷长度要控制恰当。

卷面字数指卷面印刷符号数量和考生答卷书写字符的总和。为使考生能尽快、无误地获得信息，题目叙述应简单明了，字母、符号、标点都应正确运用并发挥其作用。在语言不能简明叙述或不能清楚表达时，应注意各种符号和图形的运用，减少生活语言对生物语言的干扰。控制考生答卷的书写时间，充分利用选择题书写答案简便的特点，尽量增加考生的思考时间。试题应尽量避免繁难的运算，控制各题的计算量，排除由于计算过多过繁造成耗时较多，或计算错误造成全题失分的现象，以便集中考查考生的各种能力。

（3）命题的主要努力方向。在命题技术上要有所继承与创新，在试题载体选择上，"按课程标准理念所提倡的教学方式进行学习和教学"方面有所表现。具体而言，就是在以下方面取得突破或有所发展：

第一，能力要求。普通高中生物教学的目的决定了它不仅要对考生的学科知识和具体技能进行考核，而且要对考生所学习的知识的内在联系、学科基本规律及方法的理解程度和应用程度进行考查，即考查考生的一般心理能力和学科能力。从学科角度和命题实践出发，可将高中的生物考试的能力要求归纳为以下方面：①能应用学过的知识和专业术语，正确阐述基本的生物学现象、概念、方法和原理。②正确理解、分析生物学中以图表、图解等表达的内容和意义，并能用图表等多种形式准确地描述生物学现象和实验结果。③理解生物体的结构与功能、部分与整体及生物与环境的关系，并能解释生物个体、环境和社会生活中的一些生物学问题。④理解所学试验的实验内容，包括实验原理、方法和操作步骤，掌握相关的操作技能，具备验证简单生物学事实的能力，并能对实验现象和结果进行解释和分析，掌握探究性实验的一般方法，能够制订课题研究的初步计划，并能按计划完成课题研究任务。⑤了解生命科学发展的重大热点问题及其对科学和社会发展的影响和意义。

第二，能力考查。生物科学是一门实验性和思维性、创新性都很强的科学，是培养理性思维、系统思维的重要载体，通过空间想象、直觉猜想、归纳抽象、符号表达、运算推理、演绎证明和模式构建等诸方面，对客观事物中的数量关系和生物模式作出思考和判断，形成和发展理性思维，构成生物能力的主体。对能力的考查，强调"以能力立意"，就是以生物知识为载体，从问题入手，把握学科的整体意义，用统一的生物观点组织材料。对知识的考查侧重于理解和应用，尤其是综合和灵活的应用，以此来检测考生将知识迁移到不同的情境中去的能力，从而检测出考生个体理性思维的广度和深度，以及进一步学习的潜能。

对能力的考查，以思维能力为核心，全面考查各种能力，强调综合性、应用性，切合考生实际。运算能力是思维能力和运算技能的结合，它不仅包括数的运算，还包括式的运算。对考生运算能力的考查主要是算理和逻辑推理的考查，以含字母的式的运算为主。空间想象能力是对空间形式的观察、分析、抽象的能力，考查时注意与推理相结合。实践能力在考试中表现为解答应用问题，考查的重点是客观事物的生物化，这个过程主要是依据现实的生活背景，提炼相关的数量关系，构造生物模型，将现实问题转化为生物问题，并加以解决。命题时要坚持"贴近生活，背景公平，控制难度"的原则，要把握好提出问题所涉及的生物知识和方法的深度和广度，要切合我国高中生物教学的实际，让生物应用问题的难度更加符合考生的水平，引导考生自觉地置身于现实社会的大环境中，关心自己身边的生物问题，促使学生在学习和实践中形成和发展生物应用的意识。

创新意识和创造能力是理性思维的高层次表现。在生物学习和研究过程中，知识的迁移、组合、融会的程度越高，展示能力的区域就越宽，显现出的创造意识也就越强。命题时要注意试题的多样性，设计考查生物主体内容，体现生物素质的题目，反映数、形运动变化的题目，研究型、探索型或开放型的题目。让考生独立思考，自主探索，发挥主观能动性，研究问题的本质，寻求合适的解题工具，梳理解题程序，为考生展现其创新意识、发挥创造能力创设广阔的空间。

一是思维能力的考查。思维能力是生物能力的核心，是人们进行思维活动的基础，是一个人基本素质的主要标志。思维能力在生物科中是使用生物素材进行训练和培养的，但这种思维具有思维的一般性，是完全可以脱离生物内容而适用于思维的一切领域。因此，高中应把思维能力的考查放在重要的位置。高中对思维能力的考查以演绎推理为重点，注意归纳和类比推理；考查观察、比较、分析、综合、抽象和概括能力；注意生物语言、普通语言的理解和运用；注意思维品质的考查。

生物思维主要是形式逻辑思维，逻辑思维操作的对象是概念，并严格遵循形式逻辑推理的规则。直觉思维区别于逻辑思维的重要特征就是在没有经过严格的逻辑推理之前，迅速对事物作出判断，得出结论。而且这种结论还需要严格的逻辑证明。事实上，直觉思维得出的自论并不是主观臆断，而是以扎实的知识为基础，以对事物敏锐的观察、深刻的理解为前提。

直觉思维是指不受固定的逻辑规则约束，直接领悟事物本质的一种思维方式。在直觉思维过程中，人们以已有的知识为根据，对研究的问题提出合理的猜测和假设，其中含有一个飞跃的过程，往往表现为突然的认识和领悟，直觉思维的特性主要表现在思维对象的整体性、思维产生的突发性、思维过程的非逻辑性、思维结果的创造性和超前性以及思维模式的灵活性和敏捷性等。

逻辑思维与直觉思维是两种基本的思维形式。逻辑思维在生物学中始终占据着主导的地位，而直觉思维又是思想中最活跃、最积极、最具有创造性的成分。逻辑思维与直觉思维形成了辩证的互补关系，它们的辩证运动构成了完整的生物思维过程。直觉思维为演绎思维提供了动力并指示着方向，逻辑思维则对直觉思维作出检验与反馈，是直觉思维的深入和精化。

既然直觉思维与逻辑思维一起组成生物思维，那么在高中命题中，很自然地要考虑如何对直觉思维进行考查。考生在考试过程中直觉思维活动的结果是可以在卷面上反映出来的，但思维过程则很难反映出来。因此，选择题、填空题的题型对考查考生的直觉思维有特别的作用。我们在设计试题时，往往从多种方法、多个角度来考虑，使试题解答尽量应用多种思考方法，给考生提供较为广阔的思维空间。由于考生在解答时思考的思维方式不同，那么他们解题所花费的时间也必定不同。我们便以解答时间的长短来衡量考生的思维水平，解答正确而所用时间较少的考生，其思维水平较高。在他们的思维过程中，必定含有直觉思维的因素。

解选择题时，是否鼓励考生使用"猜"的方法，这个问题在一部分教师中还存在着不同的认识，其实，"猜"是直觉思维的特性，是发明创造的基础，是人的素质的标志。科学、合理的猜测是生物能力的体现。我们不鼓励胡猜、乱猜、瞎猜，而提倡合乎情理的猜想。

二是实践能力的考查。能综合应用所学生物知识、思想和方法解决问题，包括解决在相关学科、生产、生活中的生物问题；能阅读、理解对问题进行陈述的材料；能够对所提供的信息资料进行归纳、整理和分类，将实际问题抽象为生物问题，建立生物模型；应用相关的生物方法解决问题并加以验证，并能用生物语言正确地表述、说明。

高中生物重视生物应用问题，有着深刻的现实背景。随着世界性的科学技术的迅速发展，数字化技术已经深入现实生活的各个领域。未来信息化社会对人的素质的要求中，生物能力将是极其重要的组成部分。近年来国内外生物教育改革强调生物的"人人有份"和"问题解决"，正是基于社会对生物的需求。高中作为培养未来社会人才的选拔性考试，理所当然地要面对社会现实。正是这个更深层的原因，现在强调高中重视生物应用，不能单纯满足于课本应用题的变形和发展，应该让生物应用问题更加贴近现实的生活实际，引导考生置身于现实的社会大环境，关心自己身边的生物问题。

（4）试题设计。高中的试题设计是一项理论性与技术性很强的工作。为了使高中能有效地为高校选拔新生服务，同时也起到促进基础教育发展的作用，必须保证试题的高质量。试题设计时，应当充分考虑到各个方面众多的因素。这里着重讨论高中生物试题的设计原理与设计技术。下面按选择题、填空题与实验设计和应用题三种题型，分别简要讨论试题设计的方法与技术问题。

第一，选择题的设计。一道好的选择题，往往表现出短小精悍、考查中肯、格调明快和值得回味的特点。设计这种题型试题的关键在于考查能力的目标明确、具体、集中、取材恰当、合理，有针对性，精心编制好题干与备选项。具体设计过程中，要处理好以下关系：

首先，取材与铺陈的关系。取材所涉及的知识点宜少不宜多，要服务于能力考查，且应属基础和基本的知识，不宜采用派生性的知识作为考查能力的依托。每题多以 2~3 个知识点为宜，个别试题所含知识点可以多一些，但最好不要超过 5 个，否则必将降低试题的区分度。试题的铺陈、叙述与所取材料的关系是形式与内容的关系，因此要和谐相称，陈述中力求简明规范，符合习惯，层次清楚，用短句子，不用长句子，使人一目了然，尤其是术语和符号的运用要保证准确，绝对不使用容易误解的生活语言。有些词语，如果必须让考生引起警觉时，最好要加着重号，或者用黑体字排印。

其次，知识和技能的关系。几乎任何试题都同时考查了知识和技能。但是，由于选择题的特点，在通常情况下不宜二者并重，宜侧重一个方面。当侧重知识时，技能应淡化一些；当侧重技能时，知识的要求不宜加难加深。在高中生物能力的考查中，作为选择题题组，侧重技能考查的试题应多一些，侧重知识考查的试题可以少一点，还可设置若干综合性较强、难度较大的试题。

再次，题干和备选项的关系。为保证试题的完整性和紧凑性，必须精心安排好题干和备选项的分割和连接。首先，分割要恰当，关联词要准确明白，使整题读起来通顺流畅。其次，错误选项的设置，宜围绕考生可能出现的失误情况，提取有代表性和针对性的内容进行编制，绝对不要胡编乱凑。正确项与诱误项之间，形式上应尽量协调，力求使之具备同类性（即类型相同或相近）和匀称性（即彼此相称，防止长短悬殊太大）。如有可能，还要使正确选项多点隐蔽的色彩，诱误选项多些迷惑的形态。此外，还要从逻辑上认真审视各选项之间的关系，尽可能防止由简单逻辑便能一下子把诱误选项排除，而不必用到题中有关的知识。

最后，传统与创新的关系。选择题侧重于基础知识和基本技能的考查，在一组选择题中，无须每一题都刻意求新。因为这样做势必增加了整个题组的难度，也增加了命题的工作量。然而，各题都是熟悉的传统面孔，全然没有新意，又会使整组试题的难度降低，难以保证测试的区分度，这也不可取。因此，传统与创新必须兼顾，两方面的试题各占多少比例才算合适，这得视考试的目标和考生的实际情况而定。就高中生物考试而论，顾及实验设计和应用题的难度比较大，应给考生提供较多的答题时间。在选择题中，传统性与创新性试题题量的比例控制在 2：1 左右比较恰当。

编制四选一的选择题时，容易出现的疏漏和失误是：已知条件过剩或不足，备选项无一正确，正确选项不止一个，有的选项明显虚设等。这类失误在选择题的题型设计中都应尽量避免。

第二，填空题的设计。填空题的设计和编制，可借鉴选择题的设计方法，同样要注意考查中心突出、集中、鲜明，用此指导题材的取用和剪裁；陈述上力求简洁、精炼、确切，尤其是指导语的使用，务必防止歧义，且保证答案简明；求解的过程宜短，步骤不宜太多，最好是 1~2 步，不宜超过 3 步，否则难以保证信度，也势必降低区分度。

在设计填空题时，对难度调节必须十分重视，这是因为填空题的难度变化十分敏感，高中多数考生解答填空题的能力比较弱，甚至有惧怕心理。因此填空题不宜出难题。

一般而言，填空题由于缺乏备选项的参照，试题提供的信息没有选择题那样丰富，解答起来难度往往略高于选择题。与实验设计和应用题比较，由于题目考查的内容相对集中，容量较小，且由题干到所求的跨度一般说来要小得多，故其难度略低于实验设计和应用题。填空题位于选择题与实验设计和应用题之间，有一定的过渡作用。各题之间，其难度要求也宜有所差别。这些因素都要求对填空题的难度调控应当十分用心和仔细，认真斟酌厘定。

填空题题材的来源可以是多方面的，概括起来，大体可分为以下两大类：

第一类，由某些概念、性质或简单的基本问题出发（它们多数来源于教科书或相关资料），将它们与初步确定的考查要求联系起来进行分析和思考，将有关的知识点、基本的方法进行适当的有机组合，逐步形成综合模式的实验设计和应用题。由于立足于生物能力和生物思维方法的考查，因此往往选出的题材或多或少，总是带有综合的色彩。采用这类方法取材时，应有中心，渐次扩张和蔓延，尽力避免生硬拼凑的做法，防止把风马牛不相及的素材无机地堆砌在一起。

第二类，从生物研究中选取适当的素材；或从理论研究前沿的观点出发，物色问题；也可以从社会现象、自然现象、生活现象、生产过程和科学实验等实践领域中寻找素材和问题。通常而言，用这类方法选的问题和素材，所蕴含的生物思想方法比较深刻，内容也较为丰富复杂。其形式要么十分抽象，要么过于具体，因而它们不能直接入卷作为高中生物试题。但可以作为基础，将其化解分拆，变抽象为具体，将具体而又枝节横生者加以修剪，删繁就简，作有科学根据的概括、省略和近似处理，直至把它们变成符合构题条件的材料。用这类方法获得的题材进行命题，往往能获得形式新颖，考查功能良好、深刻的好试题。

简略而言，这两类选材方法是两种不同思路的反映：第一类方法所用的思路是：由低到高，由简到繁，由浅到深；第二类方法所用的思路是：由高到低，由繁到简，由深到浅，尽管思路不同，出发点也不同，然而为的只有一个中心，实现高中的生物能力考查。

单题的立意要鲜明。立意包含立足点和考查意向两个方面。立足点也就是试题的中心，考查意向即考查目的、考查目标。一道试题，既可用知识内容立意，也可用能力要求立意，还可用问题和情境立意。当考试的试题是以知识考查为主线时，多数试题将以知识内容立意。若试卷是以生物能力考查为主线时，多数试题则应以能力要求立意。而一些综合性比较强和实际应用型的试题，则宜以问题和情境立意。

4. 纸笔测验的具体设计

任何一种测验都有既定的目的，欲达到一定的目标。测验的方法上使用由多个问题按一定结构组成的试卷，对受试者进行检测。这样的检测是一种间接的测量，它不是直接检测受试者的心理活动，而是检测受试者心理活动的外露的行为和表现。受试者的行为表现与心理活动之间存在着显著的相关性，两者之间的关系并非函数关系，它们之间的关联既存在确定性的一面，也存在着模糊性与随机性的一面。在对受试者施测之后，对每个受试者的检测结果必须逐一分别评判，根据预先制定的量表，将检测结果数量化，赋予受试者确定的分数。测验的操作是一个复杂的过程，涉及多个环节，须要按严格的程序加以实施，因此必须进行周密的设计和编制，才能使测验得以顺利有效地实施，达到既定的目的和目标。测验的设计和编制的主要任务具体如下：

（1）确定测验的测试目的和目标，明确测验的性质。测验的目的和目标决定了测验的性质，规定了测验设计的方向，是其他各项设计工作的基础，必须认真对待。应力求做到切合客观实际，科学正确。

（2）限定测验的考查内容和范围，合理规定相应的考查要求。这项设计所要解决的问题是：考什么；要求如何；考查内容通常应包括考查哪些知识项目（知识点），哪些技能，哪些能力，其范围有多宽。考查要求指的是各项考查内容在规定的范围内要求受试者所应达到的水准或深度，可以应用教育目标分类学的原理和方法，进行分项描述。而作为考查要求的综合指标，试卷的难度是一项重要的标志。

（3）设计测验的方式和方法。常用的测验方式有：笔试（可分为开卷和闭卷两种）、口试、论文答辩、实践操作、项目设计等。随着科学技术的进步、社会的发展，考试的手段和工具会不断增加，新的测验方式也会随之出现。例如，以计算机为重要工具的自适应性测验的方式已经出现，这种新型的考试方式与传统的考试方式比较，其最大的特点是：试题不统一，数量不固定。学生在答完一个（组）题目后，其成绩随之实时评定，若学生的成绩很好，则计算机紧接着给出另一个（组）难度较大的试题，若成绩偏低，则计算机紧接着给出另一个（组）难度较小的试题。循环使用这个模式的测验，直至学生的成绩稳定在一个范围内，计算机自动终止测验。整个测验过程表现为测验的试卷动态变化，不断进行自动调整，直至与学生的水平相适应为止，因而取名为自适应性测验。

测验的方法是指用怎样的试题去测试学生，包括试题的题型、题量、试题的形态结构和内在结构的设计和编制。这个环节通常称为题型设计或试题编制（即命题），是测验设计和编制的核心环节。

（4）设计与编制试卷，制作测验的专用量具和量表。为了有效达到测验的目的，对受试者施测的问题不是个别的孤立试题，而是由一组存在着内在联系的试题所构成的试卷，它在测验中起着量具的作用，有如尺子在测量物体长度时所起的作用。因此试卷的设计和编制是测验设计和编制的关键环节，测验的成败直接取决于试卷的质量。任何用于物理测量的量具都应有读数刻度或数据显示装置，试卷作为心理测量的量具，同样也必须附有根据测验结果获得读数的方法，通常称之为量表，具体的体现就是评分标准。

试卷的设计与编制是一项科学性、技术性很强的工作，由多个环节，按一定程序，构成一个流程。必须有正确的理论作指导，有科学的技术方法作支持，命题人员的组织与协调显得十分重要。我们将在第四章中深入讨论这些问题。

（二）高中生物实验操作技能的考核

1. 实验技能操作的考核内容

生物科学是一门实验科学，实验操作技能是生物课程培养的重要能力之一。为了体现科学课程的特点，《普通高中生物标准》加强了实验和其他实践活动，不仅增加了生物学实验内容，提出大量的生物学实践活动建议，还专门设置了以学生动手实验为主的生物技术实践模块。学生的实验操作技能应根据学生实际操作情况进行评价。对实验操作技能的评价可利用实验操作检核表等工具。利用检核表评价操作行为时，要依次列出需要检核的项目及操作行为要点，然后，观察被检核者是否表现了这种行为，并加以记录。检核表的制作应以实验步骤和操作要求为依据。

2. 实验操作技能的评价方法

评价学生实验能力时，教师应依次列出需要检核的项目及操作行为要点，然后，观察学生是否表现了这种行为，并予以记录。检核表的制作应以实验步骤和操作要求为依据。

实验操作的评价分为平时和考试两种方式。平时实验操作的评价内容主要是实验课。日常的评价主要是在实验课堂上进行。实验课评价方案是把学生在生物实验课上的活动划分成操作规范和思维表达两部分，每部分也列出若干项测量指标（可根据不同实验进行调整），每项按0、1、2计分，优秀完成的计2分，基本完成的计1分，没完成的计0分，各项分值的总和就是这堂课的得分，把上述各项绘成表格，就成为实验课评价表。每次实验前派发实验操作百分制检核表，要求学生预习，课堂上以2人小组对照检核表进行操作并评分，教师巡视观察，及时辅导。学期中抽取一个实验进行实验考查，考查题目考前一周公布，实行独立操作，考查等级为及格和不及格，及格者可得满分，不及格的进行补考，补考后及格得60分。

学期实验操作技能得分（100分）= 课堂上实验操作平均得分×50%＋实验考查得分×50%。

实验操作的集中考试，要求学生在指定的时间内，带着自己的设计方案、生物实验材料到实验室中进行实验操作部分的考试，教师按评价标准给成绩。实验操作是分组实验，考查时间既可集中某个时间段（天），又可以随堂进行。每节课分成两个时间段，前20分钟为第一批，后20分钟为第二批，每一批28~30人，分成7~8小组，每小组3~4人，由4位教师监考，每位教师监考两个小组。

二、高中生物教学的过程性学习评价

（一）高中生物的学习日志评价

日记和学习日志可作为成长记录，并且是获取学生学习过程信息的重要来源。日记和学习日志对于评定学生在记录关键想法、作出预测、提出问题、概括、思考以及建立联系时自然产生的知识和能力十分有用。

1. 学习日志的类型划分

（1）日记。典型的日记是以叙述形式写作的，而且比学习日志更加个人化。使用日记，学生可记录关于一个主题的感受、想法以及/或者个人经验。学生可以就所给出的提示写下关于他们自己的东西（例如，"今天，我……"或者"我觉得……"），写下他们过去的经历（例如，"去年，我……"），对他们读过的故事作出回应（例如，"我最喜欢故事中的……"），或者进行预测（例如，"往前看，我认为……"）。

教师可以从多种多样的日记形式中进行选择，包括个人的、对话的、模拟的以及班级日记。学生可以保留个人日记，在这里面他们可以基于个人经历来记录所发生的事或者写作关于他们选择的有关主题。学生可以通过对话日记与教师或其他同学进行书面对话。如果使用对话日记，那么回答者要写作相互感兴趣的主题，因为他们同时承担读者和作者的角色。使用模拟日记，学生有机会进行创造性的写作，想象他们是一个历史人物或者小说人物。此外，教师可以把班级日记引进课程中，也可以制作班级记录本。使用这些形式，学生和教师可以在一本日记中写下共同认可的主题，这为每位学生提供了记录他或她的经历和感受的机会。

（2）学习日志。典型的学习日志包含了更短、更直接的项目提示，是学生对正在学习的内容作出反应时所产生的。无论是在哪些学科领域中，学习日志都提供了学习和讨论的机会。项目提示可以帮助学生澄清他们关于自己在学什么的思维。例如，课后学生可以对提示作出反应："两个重要的观点……""我最理解的……""我需要继续致力于……"

2. 学习日志需考虑的问题

在使用日记和学习日志之前应该考虑以下这些问题：

（1）如果使用日记，哪一种形式最符合目的。

（2）如果使用学习日志，哪些问题将会引出所要寻求的信息。

（3）计划每天或每星期有多少时间让学生制作日记或学习日志条目；制订一个全面的写作计划。

（4）如何教会学生使用日记或学习日志，一个被推荐的直接方法是：解释活动的目的，其中包括的活动有：安排时间来讨论可能的主题；模仿一项样本条目；向学生展示日记或学习日志写作活动的价值。

（5）将如何以及何时对日志条目作出回应，一般而言，并不需要对学生在日记和学习日志中的每项条目作出回应。考虑制作一个进度表，以便使这项工作变成一件可控制的任务并达到目的。

（6）学生是否有充分的拼读和写作技巧让老师明白。教师对日志条目的经常回应会让需要额外支持的学生获得进步。

（7）将如何分析日记和学习日志的条目，是否需要评分或评级。对许多教师而言，赋予分数或等级是一个备受争议的问题。日记和学习日志条目应该被视为原始的草稿来评定而不应该被评级。教师可以开发细则来确认学生写作上的理想质素或确认基于对学生的教学目标的理想内容。如果教师必须赋予数字或字母等级或点值，在分析对学生的教学目标以及决定标准时，记住这一评定的形成性特性。考虑在内的标准可以包括思考的水平、描述性词语使用的数量、条目的长度、与其他学科联系的数量等。

（二）高中生物的非正式评价

非正式评价与正式评价同样重要。传统评价中，正式评价往往备受关注，而非正式评价常常被忽视。正式评价和非正式评价都有价值，而且非正式评价更容易实施，它往往比正式评价更能反映学生的学习状况。教师每天都可以通过观察学生在课堂教学中的表现来非正式地评价学生，也可以举行小组或班级讨论来评价学生。

教师对学生的评价，是直接为教学决策、改善教学服务的，通常融会于教学活动之中。教师对学生的评价，依据不同的标准，可以有不同的分类方式。根据实施评价的正式程度，可以分为正式评价与非正式评价。前者，即正式评价是指教师使用一些自编、改编或者是现成的标准测验，或者是通过一些正式举行的活动，如知识竞赛之类的活动，来对学生进行评价。一般而言，通过这些评价，能够得出学生的最佳表现。后者，即非正式评价，是指教师在与学生日常教学的接触、互动过程中，以观察为主要方式，不断深入了解学生，进而有意或无意地形成对学生一定的看法和判断的一种评价方式。这正是教师角色对学生评价的特色所在，是别的评价难以替代的。例如，学生的提问可能表明需要对材料进行全面复习，课堂讨论有助于教师发现一些必须纠正的错误理解，对某个话题的兴趣也许表明应在该话题上花费更多的时间。同样，在观察个别学生时，教师可能作出这样一些判断：某某在写作上需要帮助，某某应该多练习些数学题，某某和某某的语音应当矫正，应当鼓励某某读些更有挑战性的书。教师的非正式评价往往比一般的评价更具体、更详尽，具有更大的效用，更能体现教师评价学生的独特优点。

1. 非正式评价的源起

综观当今世界各国课程评价改革的现状和发展趋势，现代教育评价的重要理念之一是"评价不是为了证明（prove），而是为了改进（improve）"。而我国新一轮课程改革的评价理念与世界发展方向是一致的，它对课程评价的要求是改变课程评价过分强调甄别与选拔的功能，发挥评价促进学生发展、教师提高和改进教学实践的功能，建立促进学生全面发展的评价体系。评价不仅要关注学生的学业成绩，而且要发现和发展学生多方面的潜能，了解学生发展中的需求，帮助学生认识自我，建立自信，发挥评价的教育功能，促进学生在原有水平上的发展。

从价值取向的维度来看，现代课程更加偏向于主体取向的评价。既然评价的最终目的不是作出评价结论，而是要让被评价者认同评价，并根据评价结果作出改进，获得发展，所以，我们不仅要对评价对象作出评价结论，还应更加关注评价对象对评价结论的认同问题。让被评价者最大程度地接受评价结果，就是评价的最大效益。另外，主体取向的评价以人的自由与解放作为根本目的，倡导对评价情境的理解而不是控制。在评价的过程中，不论评价者还是被评价者，不论教师还是学生，都是平等的主体，都是有意义建构过程中不可或缺的组成部分。一般而言，主体取向的评价反对量的评价方法，主张质的评价方法，因为量的评价与主体性追求是根本相悖的。

在现代课程的理念下，我国课程评价正朝着多样化、多元化、全息化、发展性的方向发展。非正式评价也就应运而生。

非正式评价自古有之，并不是新事物。孔子在古代已提出了"听其言，观其行"的评价方法，另外"路遥知马力，日久见人心"的说法，即是明证。并且，无论在教学中，还是在人们的日常生活中，人们都会自觉或不自觉地对接触到的某些人某些事形成一定的看法和判断，实际上，这就属于非正式评价。我国过去长期注重的是一种标准化的正规测试，重视评价的总结、选拔功能，学校、教师、家长对学生的认识和看法，总是以考试成绩说了算，学生的实际学习情况反而受到忽略。从现代教育有很大影响的多元智力观来看，每一个个体都同时拥有相对独立的八种智能，但每个在智能强项和弱项方面存在极大的差异，在认知方式上也不同。"正规测试"往往严重地偏向两种智能：语言智能和逻辑智能。具备这两种智能组合的幸运儿即使对于要评估的领域并不特别擅长，也可能在多数考试中成绩良好。而那些只善于在需要较长时期的努力才能完成的专题中，或者在情景化的评估中才能更好地表现出智能强项的人，就很容易在正规考试中受挫。这种迫使学生通过常用语言和逻辑测试方法展示智能，而且又往往用来找出人的弱点而非长处的考试，其实是不公正的。

此外，非正式评价主张的是一种非模式化的评价方式，与过去我们奉行的模式化评价方式存在着很大的不同。我们并不是反对评价体系的模式化，但是过于单一的评价模式，会在一定程度上制约教育改革的进行，束缚了教师的手脚。并且，评价的标准也应考虑到学生的个体差异，不要以统一的评价标准规定有鲜明个性的学生。

综上所述，非正式评价关注的是学生在日常学习中的表现，教师可以通过敏锐的眼光和洞察力，随时发现学生表现出来的意向，是教师进行教学决策的重要依据。

2. 非正式评价的特性

（1）非正式性。非正式评价有些类似于表现性评价，因为它们都是强调在真实的情境中对学生的评定，但是二者也存在区别，表现性评价要求教师有明确的评价目的，采取一套具体的评价方法，有比较严格的组织，也要得出正式评价的结果。由此看来，表现性评价更像是一种有计划有组织有程序的活动。而非正式评价在以上的诸项指标中，均显得比较宽松、模糊，没有特定的目的，也不需要有严格的操作方法和程序，甚至是教师在半无意识的状态下施行的。在教学过程中非正式性评价无处不在，由此看来，非正式评价由于它的"非正式性"，与教学过程更加融合。

（2）真实性。非正式评价是在真实情境下实施的，所以评价的主要是学生的真实表现。纸笔测验只能测出学生对基础知识的掌握情况，却不能知道学生在真实的情境中能够自如地运用这些知识。非正式评价以及其他的真实性评价却能够克服这一缺陷。

（3）多重的评价标准。由于非正式评价关注的是学生在真实的情境下的实际表现，而每一个实际表现往往同时体现出学生多方面的素质，所以，对学生表现的评判必须依据多个评价标准。例如，一个学生在进行小组物理实验过程中，就同时表现出该生对基础知识的掌握情况、参与的热情、合作精神、交流能力、解决问题的能力等方面的素质，所以教师对该生的评判也要有多重标准，进行多方面的评估。

（4）主观的评估。真实情境下的评价与标准化测验不同，它不能借助于"标准答案"或者直接用计算机改卷。在更大程度上，它依靠的是教师个人的经验和智慧。也正因为如此，非正式评价更能体现教师的个性特征，更符合个体教师的实际教学需要，因而也就更能激发教师的主动性，发挥教师的个人特长，优化教学。

3. 非正式评价的运用

（1）教师要明确非正式评价的目的不在于给学生贴标签，也不在于给学生分出高低。即使学生表现的确不佳，教师也应对学生采取宽容、接纳的正面态度，只有这样，才能从根本上避免偏见的产生。

（2）教师要经常反思自己对学生的认识，并正确区分自己的实际观察和自己对观察结果的解释。对学生的观察应该尽可能地客观、准确，要用具体的、非评判性的语言来准确描述学生的表现，避免使用类似这样的词汇：伤心、害羞、敌对、固执、孤僻等。在对观察结果进行解释时，要就事论事，并不断反思自己的解释是否受到诸如性别、家庭出身、最初印象的干扰。

（3）教师之间要加强沟通与联系。不同的教师对学生有着不同的看法，这些看法包括正确的成分和带有偏见的成分，教师间及时交换学生有关情况的信息，能够有效地帮助教师形成对学生全面而客观的看法。此外，非正式评价的结论还要与正式评价的结论相对照。一般而言，学生在一定时期内的表现是较为稳定的，如果学生的正式评价与非正式评价中的结论一致，说明评价的信度较高，否则，教师则要重新反思自己的评价了。

（4）教师要在实践中不断成长。最初，绝大多数教师在选择事件、进行准确的观察和描述上都有相当多的困难，但是随着时间的推移和实践经验的积累，相信每一位负责的、有爱心的教师都能够锻炼出敏锐的观察力与洞察力，在评价中做得更加准确、公正。

4. 非正式评价应注意的问题

非正式评价的非程序性，使得这种评价方式更加灵活，更能发挥教师的创造性和主观能动性。一般而言，非正式评价没有具体的操作程序与方法，应该是一种因人而异的评价方式，只是在实施非正式评价时，应该注意以下方面：

（1）非正式评价尽管有较大的开放性，但并非完全无章可循。教师在教学过程中要预先有一定的评价目的。例如，教师在课堂教学之前先要明确这节课的教学目的，然后以这个目的作为主要的评价依据，综合观察学生在课堂上的投入状态、回答问题的质量、完成练习的情况、是否善于与他人交流等。

（2）要善于抓住一些容易被忽略而实际上能反映情况的事件。教学中的每一个细节都蕴含了充分的教育价值，包含了丰富的教学信息。教师要善于抓住这些细节，改进自己的教学。

（3）及时反馈。非正式评价的一个优越性就是能够随时了解学生的情况，因此，教师要善于把自己观察评价的结果反馈给学生，让学生清楚改进的方向。

第二节　高中生物课堂教学与课外指导评价体系

一、高中生物课堂教学评价体系

教学评价的价值取向、内容和方式左右着教师课堂教学设计和教学行为的出发点、实施过程和落脚点。因此，高中生物的课堂教学评价是促进教师上好一节课的关键。普通高中新课程的实施对生物课堂教学提出了新的要求，其崭新的学生观、教学观、课程观、学习评价观等，都给生物课的课堂教学设计、组织和实施提供了新的视觉和空间。所以，高中生物课堂教学的评价应着眼于通过各种课堂外显现象去评价教师新课程理念的理解和落实。

现代课堂教学强调理解和尊重学生，平等地为每个学生提供表现、创造和成功的机会；教师要具备现代教育理念，具有较高的专业素养，满足学生多样的需要；从注重知识本位转为以学生的发展为本，真正体现知识、能力和态度的有机整合；建立有利于提高教师教学水平、促进学生发展的评价体系，强调教师对自己教学行为的分析和反思；建立以教师自评为主，他评、学生等共同参与的评价制度，使教师多渠道获得信息，不断提高教学水平。

生物新课程更加注重课堂教学活动的效益，自主、探究、合作等多样、优化的学习方式是促进学生全面发展的有效途径。课堂教学活动是科学性和艺术性的统一体，放开手，学生可能走得更好。新课程关注学生的表现，欣赏学生的想法，重视学生的问题，接纳学生的意见，满足学生的需求。

　　课堂教学设计是"以学定教"，变固定教案为鼓励教师在课堂上的"即席创作"，并随机应变地调整教案并进行二度设计，以达到用教材来教而不是教教材，以促进学生的终身发展，让世界成为学生的教科书；新课程不仅要看"教"，更要看"学"。不是"以教评教"，而是"以学评教"。学生学习活动评价的内在激励功能是生物新课程的要点之一；教科书是重要的课程资源，学生和教师的经验、教学环境、教学活动本身也是重要的课程资源。

（一）课堂教学评价的要点与转变

1. 课堂教学评价的要点

　　（1）"面向全体学生，提高学生生物科学素养"是评价课堂教学的根本标准。对课堂教学进行评价，先要观察分析这节课是否面向全体学生，立足于全面提高学生的生物科学素养；是否把握学科的特点、结合学生的实际，把素质教育的要求具体化为这节课的教学目标，并确保绝大多数的学生能达到基本要求，在原有的基础上有所提高。此外，实施目标教学是教学改革的重大课题，必须深入进行研究和实践，要注意防止形式化的倾向。

　　（2）"自主性、协作性、探究性"是"高中生物新课程"课堂教学的主要特征。评价一节课时，要注意观察和分析是否将培养学生"自主学习、协作学习、探究学习"的精神贯彻于教学过程的始终，教学活动是否有利于调动学生学习的积极性，启发学生动脑、动口、动手，培养探索创新的精神；是否有利于促使学生将其所学"内化"，并积淀为个体素质的组成部分。值得注意的是，学生的学习主体地位与教师的教学主导作用是辩证统一的，应正确地认识"讲"与"练"的关系，反对"满堂灌"，并不等于排斥讲解，只要"讲"能有利于学生思考，仍符合启发式的原则。

　　（3）不能忽视课堂教学氛围的评价。压抑、呆板的学习氛围影响学生的学习效果，有碍学生生动、活泼的发展；被动消极地听讲，吸收率是偏低的。观察分析一节课时，要注意是否形成了一个民主、和谐的学习氛围。这个氛围的基础是相互平等、相互尊重、相互协调的师生关系。从某种意义上讲，这种师生关系是教师正确的学生观和良好素质的反映。值得注意的是，"生动活泼"与"严肃守纪"是辩证统一的。生动活泼主要表现在思维活跃、积极主动、敢于创新等方面。

　　（4）必须注重课堂教学效益的考查。要把一节课的实效如何作为评价课堂教学的质量和教师教学水平的重要方面。虽然作用于学生发展的课堂教学，其效益如何是综合的，甚至要待到一个较长的时期后才能显现出来。但是就一节课来讲，仍然有个效果问题。教学内容的容量、教学活动的密度、教学进程的速度等，都是影响教学效果的重要因素。教学是循序渐进的，而教学的整个序列是由一个一个的"点"构成的。对于一节课来讲，必须使一定的教学任务在规定的时间内完成。

2. 课堂教学评价的转变

随着新一轮基础教育课程改革的推进，教师的教育观念、教学行为、教学方法、教学手段都面临着一场前所未有的大变革。在这个背景下，有关课堂教学评价的研究再一次引起越来越多人的重视，相继形成了风格各异的课堂教学评价标准。虽然这些评价标准的表述方式和指标体系各有不同，但综观这些研究成果，从中我们可以感受到新课程理念给课堂教学评价带来的诸多变化，这些变化归结起来主要表现在以下方面：

（1）由过去主要评价教师的"教"向重点评价学生的"学"转变。教学的根本目的是促进学生的发展，教学是教师组织和引导学生进行有效学习的过程，是师生之间、学生之间交往互动，共同实现具体发展目标的过程。在教学活动中，主体是学生，教师的教是为了学生的学，教服务于学。因此，在处理"评教"与"评学"的关系问题上，课程改革强调了以"评学"为课堂教学评价的重点，提出了"以学论教、教为了促学"的口号。在"评学"问题上，以关注学生在课堂中的表现为课堂教学评价的主要内容，包括在课堂内的师生互动、自主学习、合作学习中的行为和表现、参与热情、情感体验和探究、思考过程等。这就需要通过了解学生在课堂上如何讨论、如何交流、如何思考、如何发现和获得知识等行为表现来评价课堂教学。在"评教"问题上，着力于促进教师与学生的共同发展，既关注教师在教学中的行为，也把评价重点放在教师的行为对学生的"学"所起的作用之上。

（2）由过去注重"双基"和"学科能力"目标落实的评价，向既注重"双基"和"能力"的形成，也注重学生在学习过程中情感态度的发展转变。掌握基础知识、基本技能，发展学科能力无疑是教学的重要任务，但不是唯一任务。知识与技能、过程与方法、情感、态度与价值观是教学目标中有机联系的整体，对学生的发展具有十分重要的作用。一定程度上讲，"过程与方法、情感、态度与价值观"等方面的发展比"知识与技能"更为重要，它们是每一个学生终身可持续发展的基础。因此，立足于学生发展的课堂教学评价，应改变过于注重"双基"和"学科能力"目标的落实倾向，更加关注学生在学习过程中所表现出的方法和思考，关注学生应用意识和创新能力的培养，关注学生在学习过程中的情感体验和价值观的培养与形成。由过去注重教师语言清晰流畅、教学思路清晰有序、板书工整合理的评价，向注重是否有效地组织学生发现、寻找、搜集和利用学习资源，是否恰当地设计学习活动并引导学生主动参与，是否落实学生的主体地位，是否建立良好的学习环境转变。将"评学"作为课堂教学评价的重点，势必要对教师的素质和教学能力进行重新定位。

语言流畅、思路清晰、板书工整合理，这些虽然也是教师的基本素质，但教师的教学能力应更多地表现在能否及时地了解学生在课堂上的所做、所说、所想、所学和所感，能否为学生开展有效的学习活动创设理想的学习环境，能否有效地组织学生发现、寻找、搜集和利用学习资源，能否有效地为学生提供动手实践、自主探索与合作交流的机会和空间，能否创造性地使用教材而不是只教教材。

（3）由注重教师对教材使用和教学方法选择的评价，向注重学习方法的指导和教学媒体的有效利用转变。传统的教学中，教师往往是带领学生按照课前设计好的教学过程程序化地完成教学任务，教学内容仅仅是教材的简单呈现，学生基本上处于被动的地位。即使有一些自主活动，也是教师事先就设计好了的、为了教师的"教"服务的。教学评价也更多地关注教师教法的选择和应用。学习方式的转变被看成这次课程改革的显著特征和核心任务，倡导多样化的学习方式是本次课程改革的一大亮点。这必然要求教师的角色由重"教"向如何指导学生去"学"转变，由简单地呈现教材内容向创造性使用教材转变。现代教育信息技术是课程改革不可缺少的重要条件，恰当地选择和使用现代教学媒体，有利于改变学生的学习方式，使学生乐意并有更多的精力投入学习中。因此，新课程改革背景下的课堂教学评价，必然要把教学媒体的有效利用作为一项重要指标。

（二）高中生物实验课的教学评价

生物学实验课是指以实验室作为主要学习场所，以生物学实验作为主要教学内容，帮助学生学习生物学知识，发展生物学能力的一种课堂类型，在实验课中根据生物学的教学目的、学生的认知水平和教学条件，在规定时间内进行实验操作，以达到实验目的的要求和教学实践活动称作生物学实验教学。

生物学实验课的课型特点是以动作技能发展为主要目标，学习方式主要是动手操作，学习的地点是实验室，学生在教师的指导下独立进行操作。生物学实验课主要可以分为三种类型："技能性"实验课，"验证性"实验课，"探究创新性"实验课。生物学实验课的教学策略是适当形式的示范，对实验过程进行指导和调控，让学生自主探究操作，动作技能学习与思维发展、知识发展相结合。其教学模式是"示范—模仿"实验教学模式，"程序—验证"实验教学模式，"指导—自主探究创新"实验教学模式。

1. 评价项目

评价项目是依据目前的认识水平和教学实践而提供的一种评价思路，在实际操作中可根据不同需要和目的具体修改，从而建立一个完整的、可操作的、可测量的实验评价方案。实验课评价项目（一级指标）主要有实验目标、实验内容、教学方法、实验效果、教师素质、学生评价等六个项目。各个项目共同组成一个评价整体，而每一项目还须制定具体的二级评价指标，作为评价课堂教学质量的尺度和细则。

依据生物实验课教学中各一级评价指标在一节课中的不同作用，确定其不同权重。根据一般的教学经验和评价标准，各权重的总和为1，具体的项目可用小数表示，实验目标为0.1，实验内容为0.2，教学方法与实验结果这两个项目比较重要，各设定为0.25和0.2的权重，教师素质为0.15，学生评价为0.1。

2. 计算方法

二级指标含有多项，每项二级指标分为A、B、C三个评价等级，分别赋值5分、4分、3分。进行评价时，评价者先在评价表中的二级指标评价等级中选择一个最准确的评价等级分值，然后求出各项目中二级指标的综合平均分，再乘以相应的权重，得出该项目的加权平均分，最后求出总分。如一节课的五项一级指标平均分如下：①4分；②4.5分；③3.6分；④4分；⑤3.5分；⑥4.2分。则该节课加权后的总分是：$4×0.1+4.5×0.2+3.6×0.25+4×0.2+3.5×0.15+4.2×0.1=3.945$分。最后换成百分制，即：$（3.945÷5）×100=79$分。即这节生物课经评价后得分是79分。

（三）高中生物复习课及教学评价

生物复习课指的是依据记忆规律，通过特定的课堂教学活动对学生已经建构的生物学知识进行巩固、深化、扩展，发展生物学能力的课型。尽管复习课按不同的教学时期、教学阶段而有不同的复习形式，但都有其共同的特征：它所围绕的教学内容是学生过去学过的或曾经学过的知识。因此，复习课与前两种课型有着根本的区别。复习课应突出学生的学习活动是以"内化学习"为主要特征的，对已经学过的知识重新回顾，梳理综合，结构重组，构建知识框架，形成自我知识体系。

1. 生物复习课的课型特点

（1）教学内容的重复性。复习课的学习内容是学生已经学过的知识，学生学习的兴趣不如新授课那样强烈，因此复习课的教学要注意教学形式的新颖性，教学手段的多元化，复习课不应是简单的重复，应该引导学生对所学知识进行归类综合，激活旧知识，形成知识纲目、知识网络，形成结构化知识，激发学生的学习兴趣。

（2）大容量、系统化。相对而言，复习课的知识容量大于新授课，复习课的任务不仅要再认和巩固单个知识点，更主要的是完成对知识逻辑关系和知识结构的建构，因此复习课的重要特征是引导学生归纳和梳理知识，形成结构化的知识系统。

（3）注重实践训练，能够迁移运用。知识的归类、综合、系统化，不是复习的最终目的。复习任务的真正完成在于培养和提高运用知识解决实际问题的学习能力。复习时应选择有典型性的习题指导学生进行严格的能力训练，使所学知识能够迁移运用。

（4）突出复习方法指导，揭示知识规律。在复习课中，教师要重视引导学生自己将知识进行整理归类，要使学生牢固、扎实、系统掌握所学知识，并能够迁移运用，关键在于指导学生，为学生提供有效的学习方法指导，如归类的方法、记忆的方法、运用知识的方法、审题的方法、解题的方法等。教师应注意典型题例的示范作用，引导学生总结规律，深刻理解和掌握知识。突出复习重点，优化课堂结构。

（5）复习课应目标明确，有鲜明的针对性，针对知识环节中的重点关键内容和学生学习过程中的典型失误、缺漏，有的放矢，有重点地复习。在复习重点关键内容时，善于设置情境，将问题具体化、生动化，调动学生的兴趣，使其积极参与。在课堂结构的安排上，讲、练、评三者要有合理的比例。学生掌握系统化、结构化知识之后，在进一步学习新内容时，便有可能对新知识自觉进行归类、编码、积累，一旦需要便能够自觉进行检索与提取。

2. 生物复习课的教学策略

（1）复习课应遵循"循环出现、螺旋上升、不断深化"的认知规律。复习课中旧知识的再现不应是机械地重复，而是在旧知识的基础上进行"清理、提纯、巩固、提高"，通过复习，让学生能站在更高的层次上，重新领悟所学的知识。

（2）针对"遗忘"的规律，恰当而适时地安排好复习课。心理学的研究表明：遗忘与外界对人脑刺激量的大小及时间的长短（远、近）是直接关系的，并且还以"遗忘曲线"形象地提示其规律。"记忆"与"遗忘"是一对矛盾。复习课正起到唤起"记忆"，增加"刺激量"，减少"遗忘"的规律，这样，复习课的效率才会高。

（3）复习课更应突出以学生为主体，要创造机会让每一个学生充分发表自己的见解，让学生自己去动口、动手、动脑，通过学习活动，达到复习的目标，使知识得以"升华"。充分发挥教师的主导作用，应体现在：复习目标制订的针对性，复习设问的启发性，复习中发现问题的敏感性，分析问题的深刻性，解决问题思维的灵活性，归纳知识的系统性，小结概括的准确性，教学语言的艺术性以及板书的清晰与和谐的生物学美感……使学生在新的情境下饶有趣味地再一次学习他们已经学过的知识。所以，复习课的成功与否，直接反映出执教者的专业功底和教学艺术的造诣。

（4）不同阶段的复习课，由于复习内容的多少，在组织形式及安排上也有各自的特点。如单元复习，由于内容较少，而且学生刚刚学完，则大都突出"以复习提纲作引导，自学梳理归纳作前提，通过复习巩固提高，在较短课时内完成"的特点。而毕业班的毕业升学总复习，由于多门学科和内容较多，学生对旧知识的遗忘也大，这类复习课则多以分段进行：第一段为全面复习，唤起记忆，初步梳理；第二段为重点复习，侧重归纳和知识的沟通；第三段是模拟测评及专题讲座，强化综合运用知识的能力。

3. 生物复习课教学评价体系

复习课是教师指导学生温习已学过的教学内容，以强化知识，加深理解，融会贯通，达到系统地掌握知识的课型，它是相对新授课的一种课型，其目的在于提高学生的思维品质和学习能力，在于引导学生把握知识规律，从而举一反三。复习课按不同的任务要求，有经常性复习、阶段性复习、每学期期末的复习、学年复习和毕业复习等不同类型。

（1）教学目标的评价。目标明确、具体，是指教师能根据教育对象的实际情况，有针对性地提出符合学生实际的认知目标、技能目标、情感目标。目标完整是指知识、能力、品德的统一（即体现教育、教养、发展的统一）。

教学目标面向全体学生，全面提高学生素质，使基础不同的学生都能在原有的基础上得到提高和发展，同时努力发掘学生潜能，发展学生个性特长。教学目标还要符合学生实际，要考虑学生的基础、兴趣、智力、心理等因素。

（2）教学内容的评价。依据教学目标和学生实际，有系统、分层次地选择内容，选择恰当的复习策略，内容的组织、排列、呈现方式恰当。在教学过程中，教师有计划地引导学生进行知识的综合归类，注意揭示知识内在联系，形成学生良好的认知结构。针对知识系统综合和归类的内容，针对学生实际，编制有质量、有典型性的习题指导学生进行严格的能力训练，使学生能够迁移运用。在学习内容的容量、节奏的调控上不宜过紧或过松，要符合学生的实际情况。

（3）教学对象的评价。在教学过程中，学生是学习的主人，学习态度热情，学习兴趣浓厚，积极主动地参与复习，生动活泼地主动发展。有强烈的探索欲望和追求成功的争胜心理。主动地思考、分析问题，热切地交流意见，发表看法，即学生全身心地参与复习过程，其自主意识和主体能力得到充分培养和发展。

（4）教学方法的评价。根据复习内容的特点，创设一种吸引学生的教学情境和气氛，诱发学生的学习兴趣，使学生积极动脑思考。对于复习内容的容量、深度、难度要恰当把握，突出重点，有针对性地精讲，用有代表性的材料、有代表性的方法去揭示复习内容的本质规律，指导学生复习方法、技巧和步骤。巧妙地突破难点，通过一系列有梯度的提问，很好地分散教学难点，对难点作巧妙的铺垫，化解难点，帮助学生认识事物的本质、加深理解。对于学习过程中学生的不同反应及时作出调控，有较高的临场应变能力。

（5）教学手段的评价。从实际出发，合理地选择和组织运用媒体，选择媒体要符合科学性、教育性、直观性、艺术性和技术可行性的要求，起到创设教学情境、突出重点难点、扩大知识容量、提高教学效率、化难为易、深化效果等作用。不能搞华而不实的形式，媒体的使用对提高教学效果有明显的作用。板书设计符合教学内容的特点，有提纲挈领、突出重点的作用。教师课堂语言精练、准确，富有启发性。

（6）教学效果的评价。学生通过复习、归纳整理，能形成系统知识，把握知识的内在联系、掌握技能，能灵活地迁移运用，有较强的实践运用能力。师生关系平等，课堂气氛民主，学生的参与人数不少于70%，教师输出的有效信息不低于70%，学生对教师的信息吸收不低于70%。达到了预期的教学效果，学生获得了最高的复习效益。掌握知识之间的内在联系，使学生的学习能力获得发展。

（四）高中生物新授课的教学评价

新授课是高中生物教学最主要的课型，它包括对生物学事实的学习、概念的学习和规则的学习。生物学的事实是学习概念、原理和规律的基础，对生物学事实的进一步概括形成生物学概念，在概念间建立联系则形成规则。生物学学科知识实际上是由众多的生物学概念以及通过它们的相互联系而建立起来的知识结构体系。

生物事实的学习具有基础性和形象性的特点，以观察为主要学习方式，其教学策略为直观教学策略、结构与功能联系策略和探究教学策略，其教学模式为"观察—归纳"教学模式、"观察—比较"教学模式和"观察—探究"教学模式。生物学概念是通过抽象、概括而形成的对生物学对象本质特征或共同属性的反映。概念的形成是从感性认识上升到理性认识、将外部语言转化成内部言语的思维过程。概念的教学方法和策略为学生提供丰富的感性材料，澄清概念的内涵和外延，使抽象概念具体化，其教学模式为"教材—比较—归纳"模式、"概念同化"教学模式，"指导—发现"教学模式。

二、高中生物的课外指导评价体系

（一）高中生物的现代作业评价

对学生而言，作业是评价其学习质量的一种主要形式，也是教师获取有关学生学习进展信息的重要途径。作业与教育活动的其他各个方面有着密切的关系，它既是教师教学活动的一个重要环节，又是学生学习过程中的一个重要组成部分。

1. 现代作业评价的价值观和功能

（1）价值观。传统的作业观把作业视为强化课堂教学的一个途径或工具，追求的是作业终结性的实效。新课程的作业已不再完全是课堂教学的附属，而更是重建与提升课程意义及人生意义的重要内容。从时空来看，多样化的作业将构成学生课外、校外（家庭、社会）生活的重要生活时空。作业已成为学生成长的履历，激发学生成长的积极情感、态度、价值观，每一次作业都成为学生成长的生长点。学生在生成问题、解决问题，又不断生成问题、不断解决问题的探索中成长；在知识的不断运用中，在知识与能力的不断互动中，在情感、态度、价值观的不断碰撞中成长。可见，作业是学生具有鲜明价值追求、理想、愿望的活动，作业应当成为学生课外、校外的一种生活过程和生活方式，学生对待作业的态度也就应该成为一种生活态度，让学生在作业过程中体验幸福和快乐、苦恼和辛劳。这样，作业已不再是强加给学生的负担，而是学生成长的一种自觉的生活需要、人生需要、学习需要。

（2）功能。传统模式下的作业是对学生课后复习行为进行督促和惩戒的一种手段，强调作业的管理功能和社会功能，而忽视了促进学生发展的功能。《基础教育课程改革纲要》中对课程改革的目标作出明确的规定："要改变机械训练的现状，倡导学生主动参与、乐于探究的学风，培养学生获取新知识的能力、分析和解决问题的能力以及交流与合作的能力"；要"促进学生的发展"。在这个目标和思想指导下的作业应突出体现其发展性功能，包括以下两方面的要求：

第一，发展学生的潜能。《基础教育课程改革纲要》中提出"要发现和发展学生多方面的潜能"，这要求我们将教学活动的目标定位于充分挖掘学生的学习潜能，促进学生的终身发展。传统的作业侧重于对所学知识的巩固、记忆和机械性理解，以达到熟练化和自动化的程度，而忽视了对学生潜能的发挥；只注重学生近期的学习成绩，而忽视了学生的长远发展，在客观上压抑了学生潜在素质的发挥。作业和课堂教学一样，也是一种学习活动，理应担负起发展学生智能的重任。要通过作业活动，使学生从中学会学习，学会求知，学会合作，学会探究，为其终身学习和发展沉积良好的底蕴，使学生的目前发展和长远发展衔接起来；要调动学生的主观能动性，培养他们的创造力，使潜在的学习素质发展成为现实的能力；要使完成作业的过程成为学生在实践中不断学习、不断发展的过程，培养他们提出问题、分析和解决问题的能力；要鼓励学生间和师生间的合作与互动，实现多方的智力交流；要改变传统作业下"见物（分数）不见人"的状态，实现学生间情感、态度和人格素养的碰撞，实现知识、能力、价值观"三维"目标的和谐发展。

第二，立足于学生的自主性发展。传统的作业过程是教师意志的体现，是学生被动接受的过程，是教师按照统一性要求（统一内容、统一要求、统一完成方式等）对学生的变相"灌注"过程。这种千篇一律式的作业不仅无法调动学生的兴趣，影响学生的个性和创造性。《基础教育课程改革纲要》中要求："教师应关注学生的个体差异，满足不同学生的学习需要……使每个学生都能得到充分的发展。"这要求在作业过程中实现学生的自主性发展，而不是在教师为其设计好的程序内被动地发展。因此，要将作业中的教师行为转变为学生的行为，提倡学生自主地选择作业的形式、内容、完成方式，让学生自己留作业，体现作业中的层次性、自主性和选择性。教师要实现身份的转变：由作业的命制者转变为情境的培育者，由过程的控制者转变为学生解决问题的咨询者，由作业评价的主宰者转变为学生内省的激励者，由作业的管理者转变为学生自主性发展的合作者。

2. 现代作业评价的特点和目标

（1）现代作业的特点。

第一，从集中专制走向自由民主。作业的目的、内容、方法并非对所有的学生都是相同的，每个学生对作业都有着独特的需要、独特的目的。学生身心不同，作业的目的、内容、方法也应因人而异，让作业真正成为学生自己的作业，即，以人为本的作业。作业不再是被动的，主动作业越来越常见了。换言之，作业中的学生探索因素越来越多了。

第二，由封闭走向开放。可预见的、早已生成的学科知识作业是封闭型作业，其作用正在下降。开放性作业以师生互动中产生的不可预见的新知识，即师生共同建构、创生课程产生的新知识为基础，带着师生强烈的情感、态度、价值观，这些应是学生作业的主要内容。另外，现代课程向学生生活及社会生活等广阔时空的开放，也使学生作业的天地更为广阔。传统的教师事先确定作业将更多地转向师生共同生发作业，换言之，作业的客观存在性与主观生成性并存。

第三，由独立完成走向协同合作。现代课程改革纲要已明确指出，学生的合作精神与能力是重要的培养目标之一。现代课程的生成性、建构性，也要求学生必须加强合作，学会合作。学生面临的作业更多地将是探究性作业，作业过程需要学生密切合作。另外，从作业的时空来看，课程的开放性使大量的作业已不再是个人能独立完成的，而需要与社区、家庭以及他人协同合作。传统的"独立完成作业"的观念将受到挑战，而合作性作业将成为学生作业的重要理念。

第四，作业的评改将由静态的分离式走向动态的参与式。在现代课程中，传统的仅凭"一支笔"坐在办公桌前批改的单一方式面对学生多样化的作业将感到不足，而更多的将是参与学生作业过程或间接地参与学生作业过程，进行辅导评改。将来评改作业不再仅仅是教师，而是包括教师、学生、家庭、社区等有关人员组成的共同体，共同参与学生作业辅导及评改，共同关注学生成长。另外，随着信息技术的发展，作业的呈现方式及评改方式也将数字化。师生间尽管时空分离，但网络技术将使他们将评价变成讨论、交流的对话过程。

第五，作业评价将由对纯知识结果的关注转向对学生生命存在及其发展的整体关怀。现代课程作业评价功能将重在帮助学生发现与发展潜能，认识自我，展示自我，促进学生生命整体的发展。另外，在评价方式上，将提倡多元评价（如诊断性评价、自我评价、集体评价等）的相互结合，淡化单一的终结性评价，注重作业对学生成长的教育发展功能。

第六，作业的技术、方式、性质将由单一僵化的机械重复训练式走向主体探究创造的自我建构式，传统的"温故"性作业将更多地转向研究创新性的作业。现代课程倡导学生积极探究，获取信息，创新知识，培养分析、解决问题的能力。作业必将运用现代教学论、课程论及其他先进教育技术手段，多样化地深化并构建学生的知识与能力。目前，随着信息技术与课程整合的深入开展，学生搜集、发现、获取信息，分析、评价、优选并加工、利用信息的信息技术与能力将在学生的作业过程中得到凸显。

总而言之，作业将变成课程动态的生长性的延伸，当然，这种延伸不是重复与叠加，而是对课程意义重建与提升的创造过程。对学生而言，则是学生自我建构知识与人生的生活过程；对教师的教学而言，则是学生对教学的深化过程（而非强化）。现代课程论的作业必将成为教学与课程发展的中间激活因子，学校教育与家庭教育、社会教育发展的中间激活因子，促进教学与课程逐渐成为一种良性互动的平衡的"生态系统"，促进学校教育、家庭教育与社会教育逐渐成为一种良性互动的平衡的"生态系统"。

（2）现代作业的目标。从目标上看，传统作业的目标主要是对课堂教学所学的知识和技能的理解、巩固和深化，是对新内容的预习，它在学生基础知识和基本技能的巩固上起到了重要作用。但传统作业编制的依据和来源往往局限在教科书、教学参考书、练习册及各种辅导性的同步练习、经典题库之中，致使作业单调、重复、内容窄、分量多，出题过细，答案过死，使学生埋头于烦琐重复的书面练习中而苦不堪言。

现代作业的目标是注重学生素质的整体发展，以贴近生活，走进生活，在生活中学习的新理念为指导的，它与传统作业的目标相比，更注重学生综合运用知识的能力，学生在解决问题过程中的积极情感和坚强意志的培养；学生审美意识、审美能力及学生体质的增强，合作意识、实践能力和创新能力的培养以及良好的道德、生活及学习习惯的养成。

（二）高中生物的小课题与长作业评价

1. 小课题与长作业评价的认知

（1）关于"小课题长作业"。当前，进行"小课题"探究已经成为国内外教学中布置作业的一个重要趋势。在一些国家，小课题称为 Project，在教学材料中，有很多 Project。学生非常有兴趣地完成这些小课题。在完成小课题时，学生往往会进行合作交流。目前，在课程改革背景下，我国学生小课题的探究也受到极大的重视，正逐渐成为改善学生学习方式的一个重要方法。

小课题可以在课堂中通过合作学习的方式完成，也可以通过作业形式布置下去，时间可以延续几周或几个月，这就是"长作业"。长作业也称长时性作业，与即时性作业、定时性作业互为补充，这三者是相对完成时间长短而分的。即时性作业是为巩固本节课或当日课堂教学效果而进行的封闭型作业，一般当堂或当日完成。定时作业是为迁移知识、转化思维而进行的半开放型的作业，一般两天至一周完成。长作业是课堂学习在课外的延续。"小课题长作业"的基本过程是：提出问题动手实验—观察记录—解释讨论—得出结论—表达陈述。

（2）小课题长作业的潜在特质。小课题长作业蕴涵着这样的学习理念，学习不是个人头脑中的事情，学习经常是"相互学习的共同体"的实践活动。知识不是储存于头脑中，而是存在于进行发现、推敲、创造新的价值的过程中。小课题长作业具有六个特点：第一，要有一个比较大的问题，便于学生具备较大的探索余地和思考空间；第二，小课题的学习是一种探究性学习，重学习的过程；第三，学生具有一定的自主性，教师起着引导作用；第四，对小课题学习的评估注重过程，不注重结果；第五，小课题的呈现主要通过学生对实物和具体模型的操作，其内容结合身边的事物；第六，小课题的学习过程对于学生来说是有趣的。

小课题长作业的价值存在于其展开过程中：第一，学生熟悉了一种探究问题的方法；第二，学习了研究的方法论；第三，引导小组合作学习；第四，鼓励学生对自己的经验进行反思。此外，在学生长作业的过程中创造了一种新的教师角色，在这种角色中，教师是资源而不是权威，是和学生共同探索新知识的学习伙伴。

（3）长作业与学习的关系。学习活动与评价活动之间严格上说不存在界限。学生观察者与同伴们既是在学习，也是在评价，两者的功能是同时发生的，不可分割的。一个项目可以是一项给予个别学生或者一群学生的评价任务，这项任务是跟课程有关系的。一个项目的成果要得到评价，项目开展中的过程也要进行评价。项目可以包括在课堂内和课堂外的研究与开发。项目应该首先是一个学习经验，而不仅仅是一个评价任务。项目是课程的一个部分。在高中里，创造性的项目数量在减少，而书面研究论文和多项选择测验的数量则在增加。大量的时间和努力投入制作一个项目评价任务的高素质作品中去。因此，教师应该允许有些课堂时间致力于项目上。项目的复杂性将决定需要分配的时间。同时，评价的标准应该在启动一个项目之前就要由教师和学生共同确定好。

2. 小课题与长作业的设计技巧

（1）作业主题的设计。作业主题即教师根据教材和学生实际确定的某一主题或某一领域的研究专题。

第一，布置哪些作业。长作业从内容上可分为实践类作业、综合类作业等。综合类指围绕这个主题组织多方面或跨学科的知识内容，以利于知识的融会贯通和多角度多层面地思考问题。实践类，即全面完成的作业是在学习间接经验的同时，去获取直接经验并在探究实践中获得积极情感体验的途径与机会。

第二，怎样布置作业。布置作业的方式是评价学生学习效果的重要方式。

（2）选择作业小题目。选择作业小题目即学生在教师布置作业的主题下，根据自己的兴趣，确定自己的小题目，即研究方向。在初始阶段为降低难度，在做准备作业之前，教师可组织学生集体讨论。讨论时可畅所欲言，教师适当指导，对于有创意的学生给予表扬。再通过完成准备作业，指导学生确定研究方向，确定需要研究解决的问题。

（3）指导学生完成作业。这一阶段是开放性的，以学生自我探究解决问题为主要形式。根据学生特点设计"作业计划"，减少学生完成作业的盲目性，也增强了作业评价的客观性。计划，教师发放作业计划，指导学生根据确定的小题目订好研究计划，形成具体的研究方案。搜集，这一步对学生提高学习自觉性、增强广泛搜集信息的意识和能力很有好处。这一环节学生通过完成"作业资料卡"，将采集到的信息和研究体会及时记录下来，便于整理总结，真实地反映学生主动探究和学习的过程，提供及时的调节反馈，也便于作业评估。

（4）作业回答形式。交流，即实际过程中，教师分阶段组织集体交流阶段成果的活动。撰文，即撰写研究小论文。撰文之前，教师应对小论文的要求给予指导，并提供范文，使学生不会因难而退。长作业重在过程，并非结果。因此，小论文并非最终目的，不能因此而打击学生完成作业的积极性。

（5）作业评价方法。对长作业进行评价的目的重在评价学生通过此作业的完成所获得的经验、体会和能力，评估的目的在于导向、激励和调控，对小论文以及前期的准备作业、作业计划和信息采集记录、小论文等进行评价。

3. 小课题与长作业的指导评价

在现有的文献中，对如何评价学生实施长作业的评价论述较多，而对于教师如何指导这个过程则少有考虑。然而，教与学是分不开的，长作业要取得好的效果，离不开教师的适当指导。如何指导是非常值得研究的问题。

（1）教师在指导小课题与长作业中的作用。

第一，激发学生学习研究的兴趣。兴趣是学生有选择的、积极愉快学习的一种心理倾向，它是学习动机中最现实、最活跃的成分，是推进学生进行自主学习的原动力。在小课题研究中，教师不是要给学生哪些知识，而是要让学生对身边的问题产生浓厚的研究兴趣，关注学生的兴趣，将兴趣聚焦于问题，让学生积极主动有效地投入研究中去。

第二，培养学生提出问题、分析问题、解决问题的能力。心理学研究认为，思维从问题开始，没有问题的思维是浅显的、表象的、机械的思维，问题是激发求知欲的内驱力。课程标准中要求学生能发现并提出问题。问题意识一旦养成，学生对事物的认识就不会只满足于表象，而会对观察的现象敏于生疑，敢于存疑，勇于质疑，继而产生强烈的内驱力去解决问题。因此，在长作业的指导中，教师首先不是教学生如何去解决问题，而是要培育能让学生自由提出问题、理性分析问题的环境，并且创造条件让学生在解决问题的过程中根据需要收集有用的信息，进行归纳、类比与猜测，发展初步的合情推理能力，同时学生充分发挥自己的观察力、想象力、思维力和创造力，并由此源源生发出新异、多彩、多元的发展性、创造性、突破性的新构思、新思想、新思维。

第三，培养学生独立思考、小组合作、集体探讨、成果共享的意识。教师在指导过程中是否创设了让学生独立思考、小组合作、集体探讨的环境是非常重要的。原因是，使学生善于独立思考，克服依赖心理；使学生乐于伙伴合作，分工明确，培养合作意识；积极参与集体讨论，用集体的智慧解决重要难点问题，乐于一起分享成果。多种学习形式并用，优势互补，各取所长，使知识掌握得更扎实，使探索研究的兴趣更浓。长作业的价值恰恰就在于这三种学习方式中。当然，这三种学习方式并非每次都必须使用，在不同类型的作业和课题中可以有不同程度的运用。

第四，使学生学会反思，使不同的学生都有不同的发展和提高。反思是问题解决过程后不可缺少的步骤，但是学生往往在解决了问题后就忘乎所以。在学生解决了问题后，教师的指导还没完成。教师一要指导学生通过对解决问题过程的反思，获得解决问题的经验；二要提醒学生通过回顾，体验生物知识与日常生活密切相关，认识到许多实际问题可以借助生物知识来解决，并可以借助生物学语言来表达和交流；三要让学生看到自己的成功和不足之处，相信自己在学习中可以取得不断进步。

总体而言，教师在小课题长作业中的整个指导过程是开放的、生成的过程。

（2）小课题与长作业指导过程中的策略。学生进行小课题长作业研究的过程，一般分为三个阶段：准备阶段、实施阶段和总结阶段。在这些不同的阶段中，教师应采取不同的策略进行指导。

第一，准备阶段的指导。准备阶段是小课题研究的起始阶段。做好了准备阶段的工作就等于完成了一半的课题研究。在准备阶段中，教师要认真指导好三个方面的工作：①提供供选范围；②合理选择课题；③组成课题小组，制订研究方案。

一是提供选题范围，合理选择课题。学生选题应尽可能地贴近学生生活，应体现自主性，从学生中来到学生中去。因此，教师在指导学生选题时要遵循以下原则：

选题要体现生活性。陶行知先生认为"生活就是教育"。当代学习理论表明，只有当学习发生在有意义的背景中，即与学习者的生活世界发生密切关系时，才是有效的。因此，选题一定要培养学生从自身的真实的生活世界入手，做生活的有心人，提出问题、发现问题。

选题应具有可操作性。小课题研究是由学生去实践、完成的，因此，在选择课题的时候最好不要选择专业性较强的课题。课题贴近学生日常生活，浅显易懂，这使课题组的同学非常具有成就感，从而更进一步激励学生深入研究。如一些涉及人身安全或高端的课题就不适合学生去操作了。

选题要重视扩展性。学生的小课题研究，学习空间之大，学习内容之广，使学校教师的指导难以满足其需要。要因地制宜，因时制宜，充分开发利用各种教育资源。广大家长中蕴藏着宝贵的知识财富，家庭、社区以及许多场所，是学生获取研究资料的源泉，各行各业为我们提供了丰富的舞台，是长作业取之不尽的教育资源。在帮助学生选择课题的时候可以适当考虑以上的因素，因为这样可以取得家长的理解和支持，有利于拓宽学生学习空间。

二是组成课题小组，制订研究方案。课题组多采用学生自由组合，指导老师适当调配的做法。学生自己推选研究和组织能力较强的队员为组长，聘请指导（辅导）老师。研究方案是小课题顺利开展的保证。指导教师要引导学生搜集、吸收相关的有用信息，学习借鉴，迁移运用，辅导学生为自己的小课题制订一份具体实施计划，明确每一阶段的工作目标。简言之，要写明三项内容：一是要研究什么，即研究目标和研究内容。可以根据研究的目标，将研究内容分解为一个个具体的操作性很强的探究活动方案。二是怎样研究，即研究过程的设计，包括研究的工作步骤、每个阶段的目标任务和时间安排、研究的方法等。三是预计最后的研究成果是什么，是调查报告、实验报告还是小论文。

第二，实施阶段的指导。小课题研究的实施阶段是把已经制订的研究计划付诸执行的阶段，是把预想的研究措施落到实处并获得研究成果的阶段，是开展课题研究最具体、最富创造性和最务实的阶段。在实施阶段中，也要认真指导好以下方面的工作：

一是学习研究方法、运用研究方法。在小课题研究中，学习与运用科学的研究方法至关重要，是得出科学结论的重要前提。在小课题研究中，使用最普遍的研究方法是观察法、实验法和调查法，教师应指导学生掌握这几种方法并注意运用的技巧。

观察法。运用观察法时，首先要根据需要确定观察目的，选择好观察对象；其次要按一定的程序循序渐进地观察对象，即由表及里、由大致轮廓到具体细节，由显著特点到细微特点。观察中，要边观察边记录，边观察边思考。

实验法。实验法是观察法的延伸和扩展，是进行专题研究的一种基本方法。

调查法。调查法是一种普遍运用且有效收集第一手信息的方法，常见的形式有问卷法、谈话法和数据采集法。

二是引导和帮助队员培养信息收集和处理的能力。在小课题研究过程中，教师应指导学生做到重视收集各种阶段性研究成果和各种记录、录音、录像、照片、调查数据、座谈会纪要、各种交流发言材料、学生作品等。要多进行成果的交流。

第三，总结阶段的指导。小课题研究的总结阶段，是收获研究成果的阶段。总结阶段的任务是对研究的全程和结果进行深入的理性思考，通过分析与综合、抽象与概括、判断与推理，从而收获研究成果。与前两个研究阶段一样，在总结阶段中，教师应指导学生做好三个方面的工作：①学会分析思考，进行全面总结；②处理研究成果，撰写研究报告。

一是学会分析思考，进行全面总结。全面总结就是回顾研究的全过程，利用研究中获得的全部资料，总结解决问题的经验，发现客观规律。课题研究的总结要围绕以下三个关键性问题进行分析与思考：①本小课题研究计划中的研究目标是否达到；②本小课题研究的方法是否科学，是否规范；③本小课题研究积累了哪些经验，发现了哪些规律，提出了哪些设想，得出了哪些结论，有哪些收获，有哪些不足和问题。

二是处理研究成果，撰写研究报告。研究报告是小课题研究的结题总报告，是课题研究成果的集中代表，也是作为评价、鉴定的主要依据。因此，辅导员老师要引导队员学会整理资料、加工处理信息，学会以科学规范而又恰当的方式表达研究成果，撰写好研究报告。研究报告一般应由四方面组成：①研究概况。介绍课题研究的背景、由来和设想，简要说明研究的目标、研究的计划与实施的过程。介绍研究的对象、研究的方法与课题组的主要活动。②研究成果。介绍课题研究取得的各种成果，包括各种观察、实验与调查数据，阶段性成果与最终成果。③研究结论。研究结论是研究报告的核心部分，是理论升华的结晶，每一点结论的文字简要准确，既以事实作论据，又以理论作解说。④存在问题。反思研究过程中的不足与研究方法的不足，提出有待进一步研究解决的问题。

第三节　基于网络环境的高中生物教学与学习评价

一、基于网络环境的高中生物教学评价

计算机网络为建构主义教学模式下的主动探索、协作交流提供了无与伦比的教学平台。网络教学打破了地域和时空的局限，实现了双向交互、实时多点交流、广泛的传播、快捷的数据信息收集等多种功能，以网络通信技术、多媒体技术为依托，为建构主义教学

理论支起了技术框架。它为教师提供了一种系统的方法，训练所有的高中生使其更好地思维、学习，同时又为教学、课程开发、评估等提供了一个综合的系统。在该教学过程中，要求学生由外部刺激（网络信息）的被动接受者和知识的灌输对象转变为信息加工的主体、知识的主动建构者，而教师应由知识的传授者、灌输者转变为学生主动获取知识的引导者、帮助者、促进者，学生通过网络获取信息，并在综合与加工过程中与教师通过网络进行辅导、答疑和讨论，使其信息升华，从而获得课程要求的知识和能力的提高。

为迎接信息时代的挑战，加快课程与教学信息化建设，广大教育工作者努力在探索信息化教学环境下的新学习模式。网络教学是近年发展起来的新事物，这方面的经验还很少，加之影响网络教学的因素很多，各个因素之间又互相影响，所以不易评价。但是，网络教学评价是影响网络教学发展的瓶颈问题，这个问题不解决，教学网络的建设就带有盲目性，网络教学的目标就不明，方向就不清，就会影响网络教学的健康发展。基于此，对网络教学进行评价是十分迫切的任务。所谓评价，指的是依据一定的价值观对事物及其属性作出的价值判断。课堂评价，指的是研究教师的教与学生的学的价值过程，它是教师在课堂现场用来收集反馈信息的一种方法。网络教学评价指的是在网络教学环境中，教师依据一定的教育技术手段对网络学习者进行的评价。它依据一定的学习理论，由教师制定评价的目标，由学生给出有关教学和学习过程的反馈信息，以便教师清晰地了解学生学了什么和如何学的情况，从而为更好地计划、建构学习教学活动，提高教学有效性提供依据，达到促进学生全面发展，改进教师的教学，促进学科课程不断发展的目的。

（一）网络教学评价的具体依据

1. 系统方面

其基础要求应达到能方便地实现多媒体教学，教师能灵活地监控，高效地完成教学任务，提高教学质量。高中生能自由地交互，方便地实现网络练习和测试，教师能及时地了解学生的学习情况，方便地在网上备课和批改作业。

（1）多种媒体集成：调动多媒体手段为教学服务，打破传统教育的种种时空限制。它引入观察、讨论、协作、演示、模拟和交互方式到教学过程当中，使人如亲临其境。根据学生个人的特点来设计学习过程和方式，使学习方式、进度和过程更能适应学生的自主化学习。

（2）多向信息交流：能实现多路视频和语音信号的实时传送，师生之间、学生之间任意交换信息，构成多种信息通道并存的多媒体网络系统。

（3）同步异步通讯：系统兼具同步通讯和异步通讯的可能性。学生一方面可以同步与教师交流；另一方面也可以按个人要求选择不同时间进行交流。

（4）资源信息获取：学习者凭权限上网浏览，依仗检索技术的支持，应基本达到查阅迅速，信息够用。

2. 教师方面

（1）教师应学会利用各种不同的方法和手段来有效地设计和组织教学，传递教学内容，了解各种现代教学媒体的缺陷与不足，灵活多样地使用，发挥出每种教学手段的应有效能。

（2）熟悉教学支持服务体系的功能，掌握多媒体教学资源的使用方法，熟悉各种教学资源和教学媒体的使用，并能正确指导学生使用多媒体设备在网上获取有用信息。

（3）根据学科特点及教学的需要来选择不同的教学媒体，通过信息技术将教学内容立体多维形象地呈现在学生面前。

（4）能恰当地指导学生设计学习进度并检查每个学生的进步情况，合理挑选小组成员并指导小组讨论和教会学生掌握协调小组工作的技巧。

3. 学习方式方面

（1）学习方式自主性。学习者可以按照自己的学习基础、学习兴趣来选择所要学习的内容和适合自己水平的练习；学习者在内容上有充分的选择余地，自主学习成为必然。每一位学习者都可以根据自己的学习特点，从互联网上自由地选择适宜的学习资源，按照适合于自己的内容、方式和速度进行学习。

（2）学习资源开放性。在网络学习环境中，汇集有大量的教学软件、助学课件、复习资料、案例库等学习资源，形成一个高度综合集成的资源库。这些学习资源必须对所有人都是开放的。一方面，这些资源可以为成千上万的学习者同时使用，没有任何限制；另一方面，所有成员都可以发表自己的看法，将自己的资源加入网络资源库中，供大家共享。

（3）学习时空的随意性。以现代信息技术建构的开放式远程教育网络的实现，使受教育者的学习不再受时间、空间的限制，教育的时间和空间的局限性不再存在，从学校走向家庭，走向社区，走向乡村，走向任何信息技术普及的地方。

4. 教材方面

（1）共享性的要求。网络多媒体教材教学资源以网页、资源库、网站等形式存储在服务器中，学生和教师可以通过校园网中的任何一台终端，访问相应的教学资源，其他学科的教师如有需要，也可以查阅、学习网络多媒体教材中的教学资源。

（2）层次性的要求。一方面是因为网络多媒体教材的对象是具有不同学习程度的学生；另一方面也因为学生对某一学科的某一章节所掌握的知识程度并不一致，而且教师进行教学时的切入点深浅程度也不一样，这就决定了网络多媒体教材必须具有层次性。所以凡是准备充分的课件，都应按照循序渐进的原则，体现出相应的层次性。

（3）非线性的要求。传统教学的内容、结构、组织和过程都由一条主线构成，教材大多是流线性模式，不管学生懂不懂，强调教师控制操作，学习内容、过程、组织的同步性。而在网络多媒体教材教学过程中，则应突出其非线性特性，突出学生根据自己已掌握的知识程度，选择适合自己并感兴趣的内容进行自主学习，进行知识的再次建构。

（4）开放性的要求。网络多媒体教材的开放性，一是指可以在课件中方便地加入最新的互联网信息资源的链接，更新教学资源；二是指教材具有开放性接口，学生可以参与建立网络型课件的工作中，将自己的学习资源、学习体会、实践经验等信息通过各种有效的方式加入网络型课件中去，供其他学习者使用。

5. 教学媒体及教学环境方面

（1）对教学环境的基本要求。

第一，系统硬件环境。多媒体计算机教学的硬件系统是开展计算机多媒体课堂教与学活动的系统化信息技术条件，通过运用现代信息技术，建立一种能实现教学信息显示多媒体化，教学资源共享，有利于学生主动参与，能够进行信息反馈和教师调控的现代化教学硬件环境。多媒体计算机教学的硬件系统有多媒体课堂演示教室、多媒体计算机网络教室等多种形式。

第二，具有编辑和播放双重功能的开发系统，这种系统适合于专业人员制作多媒体产品。

第三，以交互播放功能为主，兼有编辑功能的教育培训系统。

第四，主要用于自学和家庭娱乐的家用多媒体系统。

（2）系统软件环境。

第一，多媒体素材制作软件。作者可以把不同媒体内容的各种素材结合在一起，形成一个结构完善的软件。目前多媒体创作软件很多，并且仍有很多新的多媒体创作软件不断涌现，功能也越来越强大。每种编辑软件的功能、特征、易学性和应用范围不一样，使用时要根据软件的功能和性质来选择。

第二，课堂演示型多媒体课件。根据多媒体课件的内容与作用的不同，可以将多媒体课件分为课堂演示型、个别化交互式学习型、操练复习型、教学游戏型、计算机模拟型、网络协作型等几种类型，这里我们就课堂演示型多媒体课件做详细的介绍。课堂演示型多媒体课件主要针对课堂教学设计，它不同于学生个别学习型多媒体课件。由于课件的使用者是教师，应用的环境是课堂，所以，它有其自身的特点：首先，它可以是某堂课教学内容的一部分或一个片段，而不一定是该堂课的全部内容；其次，它可以有语言的配音解说，但不必全程配音；最后，它有一定的交互性，但主要功能还是演示。

6. 教学方式方面

选用集中教学方法，应满足学习进度循序渐进，学习系统完整有序，教师主导作用发挥充分，教学计划科学合理，教学进度快慢适宜，学习场所管理严格，有利于学生态度与情感的培养，有利于形成健康向上的个性品质等要求。选用个别学习方法，要满足不同程度的学生都能按照自己的能力选择相应的学习内容这一基本条件。学习内容要适合学生个体情况，学习资源要方便适用，学生要适应网络学习环境，学生学习的时间和空间要灵活多样。

在对多媒体网络教学进行评价时，首先要对多媒体教学网络系统和多媒体网络教学过程的各个因素等硬件设备和软件环境进行资格评价，当它们满足基本要求后，再对多媒体网络教学和非多媒体网络教学进行比较性评价，从而得出对网络建设和网络使用有意义的结论。

7. 网络课件内容方面

（1）要求教学内容模块化。首先要求该学科教师把有关学科的所有理论进行梳理，然后再把整门课程划分成若干个知识模块，每个模块再分成若干个子模块，如基本内容、教案、实验、理论应用、练习、检测以及难点重点等。这些子模块必须内容突出，体系完整，联系广泛。最后达到把所有内容子模块组合起来就可以形成一个完整的基本理论体系，把所有的实验子模块有机组合起来就可以形成一个完备的仿真实验体系，把所有教案子模块组合起来就可以形成一个详细的教师备课材料库，把所有的练习子模块按一定规律组合起来就可以形成一个强大的习题库与试题库。显然，模块化结构是优化课程体系、实施网上教学的关键。

（2）要求课件实用化。网上教学是基于网络实施教与学的过程，其课件必须既含有教师"教"也含有学生"学"的网络资源。但是通常的课件往往只侧重教师的"教"而忽视了学生的"学"。在课件制作时应尽量制作"学案库"，内容包括教学目的、使用手段、内容规划、重点难点、时间安排、教学要求、参考资料等，使学生课件在手，万事不求，基本上就能完成学业。这样，网络自主学习才能真正落到实处。

（3）要求逐步达到考核随机化。网络考试系统包括学生考试系统、教师评阅系统和题库管理系统等。它对客户端的配置要求很低，并且支持各种访问，所以该系统很适合于网络环境。同时又因为它把大量信号与系统题库、试卷、用户信息等都作为数据记录的形式存储，所以教师很容易从数据库中随机产生试卷，可以在任何地点随时进行在线考试，并且立即得到成绩，同时进行分析统计和评价。

（二） 网络教学评价的基本要求

1. 开展形成性评价和诊断性评价

在以往的教学中，多采用总结性评价，例如期末考试、年终评定等。总结性评价用于指导采纳和沿用方案方面的决策，它更多地关注整个阶段的教学结果，意在获得教学工作总效果的证据。而学习本身是一个动态发展的过程，像建构主义理论下的情境创设，知识的意义建构以及人与人的协作关系都是随时空转换而不断变化的。因此，在网络教学中，我们要充分利用网络的反馈及时、管理方便、省时省力等优良特性，对整个教学过程作跟踪监控、检测、指导。形成性评价也叫过程评价，就是关注教学活动中高中生的学习状态、学习态度、应变能力甚至情感、家庭情况等，从中发现问题，及时反馈并相应给出建议和补救方案。此外，为了使网络教学更有针对性、预见性，还须对学习者进行诊断性评价。诊断性评价也称置前评价，被安排在教学设计前，是制定教学目标，组织教学内容，选择学习策略的依据。依据置前评价的结果，学习者可以有选择地进行学习。

2. 以自我评价为主，结合多种评价方式

建构主义主张自主学习，鼓励高中生积极参与学习、研究，发挥首创精神，实现自我反馈。学习者每一次实现对原有认知结构的改造与重组，也就是完成了一次自我的肯定、否定、再否定的辩证评价过程。这种自我评价有利于学习者成就感的形成、目标的明确、个性化的培养，使学生由评价客体成为评价主体，提高了学习的参与性，增强了学生的评价能力。网络教学强化了学习的自主性，为自我评价提供了强大的"硬件平台"，如集成化的学习环境，具有交互功能的学习资源等，使学生和学习结果之间有了更直接的联系。当然，我们也不应忽略教师评价和小组评价的作用。教师评价为学生对知识的意义建构提供了一种引导，而学习者之间的相互交流、协商、评价，可能引起各种层次和类型的文化碰撞、价值观的碰撞以及思维的碰撞，这有助于他们在认知层次上达到协同，从而提高教学效果。将三者有机地结合在一起，可以使评价更科学、更合理、更客观。

3. 通过多维度评价提高说服力

建构主义重视个性发展，提倡多情境解决问题，主张发散性思维的培养。以往传统教学的评价参照标准比较单一，往往只依据考试成绩的高低，操作技能的熟练程度，却无视不同学生各异的特质、情感和学习风格，无形之中扼杀了学生个性的发展。网络教学的出现顺应了个性发展的需要，为自主学习创造了良好的环境。在网络教学中，我们要重视学生综合能力和整体素质的发展，科学地、理性地、全面地对学生进行评价，从知识、能力、品质、态度等多项指标去衡量每一名学生。运用更具个性发展的评价策略，激发学习

者潜意识中的学习兴趣，充分发挥他们的积极性、主动性和创造性，使众多更具特色的学习个体融于网络学习这个大环境中。网络技术、通信技术和多媒体技术的不断发展，已经丰富了网络教学的评价手段，且具有多项测评功能的评价系统。

4. 根据评价目的和标准制定评价指标体系

教学目标与测试标准是否一致是教学能否成功的关键。参照标准越是接近教学目标，达到的教学效果也就越接近理想的状态。评价指标体系就是具体化了的评价标准。作为一种规范，评价指标体系是明确的、可测量的、可被观察到的。以建构主义学习理论下的学生、教师以及构成学习环境的几大要素作为评价要素列出相应的网络教学评价标准。

5. 既要有个别评价又要有整体评价

个别评价侧重于学习中学生的差异，而整体评价侧重于从大量信息、数据的背后挖掘学习中存在的共同点。个别评价又包括自我评价和一对一交流的师生评价和学生互评。对于不同的学习个体，由于所处的社会文化背景不同、价值观念不同，再加上由先天素质和后天发展导致的不同的学习起始能力，这就造成了个体之间巨大的差异，因而他们的学习需要也就不同。个别评价不仅能够满足不同的学习需要，提供更有针对性的学习指导，而且能够促进情感沟通，树立自信心。注重个性差异的同时也不要忽略对学习的整体评价。网络教学具有跨度广、规模大、涉及范围宽等特点，这就使其提供的数据、信息更真实可靠，更具广泛性，更有参考价值。此外，网络传输系统快捷、灵活的特点使数据的采集、搜索、分析更加简易方便。通过对这些大量数据的统计分析，找出隐藏着的学习规律，据此，可以制定出更先进的教学策略。

（三）网络教学评价的特点分析

第一，注重过程性评价，强调对网络教学的过程进行实时的监控。网络评价注重评价的过程性，利用及时反馈信息来指导、调控甚至补救网络教学与学习活动。总结性评价充分考虑学习者在学习过程中的行为、态度、实践。

第二，对运用教育技术实施智能教学以及对利用探索、发现、竞争、协作、角色扮演等一系列策略教学的效果进行有效的评价；对高中生在学习中的主动性、自控性、学习的效果进行评价。

第三，评价对象广泛，不仅仅对传统教学系统的四要素即学生、教师、教学内容与媒体（网络教学支撑平台）进行评价，还对学习支持和服务系统进行综合评价。

第四，实现网络教学评价系统与网络教学支撑系统的无缝结合，利用支撑系统的教学活动记录功能搜集评价信息，实现对网络教学的动态评价和动态调控。

第五，充分利用互联网络的技术优势，缩短了评价的周期，及时反馈评价结果以便于及时调整教与学，而且降低了学校管理部门对学生、教师进行评价的技术要求，降低了费用。网络教学的评价模型要依据不同的评价目标，对不同的评价对象采取不同类别的评价，因而要制订适于网络教学评价的评价指标和要素，对学习和教学的过程与效果进行充分的评价，以促进网络环境下的学习。

（四）网络教学评价与传统教学评价的差异

信息化社会中需要具有信息处理能力的、独立的终身学习者，这样的培养目标对于教学中的方方面面都提出了新的挑战，作为教学中的重要环节——教学过程的评价也不例外。网络教育技术下的教学评价必须与各种相关的教学要素相适应，从而也必然与传统的教学评价全然不同，两者的区别表现在以下方面：

1. 评价目的方面

传统的教学评价侧重于评价学习结果，以便给高中生定级或分类，因此传统的评价往往是正规的、判断性的。而网络教学评价是基于学生表现和过程的，用于评价学生应用知识的能力，关注的重点不再是学到了哪些知识，而是在学习过程中获得了哪些技能，这时的评价通常是不正规的、建议性的。

2. 制定者方面

传统评价的标准是根据教学大纲或教师、课程编制者等的意图制定的，因而对团体学生的评价标准是相对固定且统一的；而网络化教学强调学生的个别化学习，学生在如何学、学什么等方面有一定的控制权，教师则起到督促和引导作用，评价的标准往往是由教师和学生根据实际问题和学生先前的知识、兴趣和经验共同制定的。

3. 学习资源方面

在传统教学中，学习资源往往是相对固定的教材和辅导材料，因而对于学习资源的评价相对忽视。而在网络化教学中，学习资源的来源十分广泛。如何选择适合学习目标的资源不仅仅是教师的重要任务，也是学生所要获得的必备能力之一。因而，在网络化教学评价中，对学习资源的评价受到更广泛的重视。

4. 学生所获得能力方面

在传统的教学评价中，学生的角色是被动的。然而，在信息化社会中，面对不断更新的知识，指望他人像传统教学中的教师一样适时地对自己的学习提供评价是不可能的。因而，作为一个合格的终身学习者，自我评价将是一个经过逐步获得后必备的能力，培养学生的这种能力本身就是网络化教学的目标之一。

5. 评价与教学过程方面

在传统教学中，评价往往是在教学之后进行的一种孤立的、终结性的活动，目的在于对学习结果进行判断。而在网络化教学中，培养自我评价的能力本身就是教学的目标之一，评价具有指导学习方向、在教学过程中给予激励的作用，是一个进行之中的、嵌入的过程，是整个学习不可分割的一部分。

传统评价所借助的方法通常有测验、调查和观察几种。在网络化教学中，除了要根据教学目标的不同对传统评价方法进行改造外，还有学习契约、量规、范例展示、评定包、概念地图、绩效评估、自我评价等方法，有待于我们在实践中探索。

（五）网络教学评价的效用分析

1. 反馈作用

网络学习者因其水平参差不齐，所以更多地表现出一种个体性、差别性，因此必须因材施教。又因个体的差别性和具体性，因而反馈也是多方面的，其中既有反映支持服务方面的，也有反映教学媒体方面的，还有反映学习压力考试乃至毕业实习方面的，凡此种种都涉及以至影响教学效果。网络教学评价正好是给这一过程提供一种反思，以便给教学和管理部门修正和调节教学过程提供决策依据。

2. 纠正偏差

教师利用课堂评价技术对高中生学习情况进行全面观察，如了解学生正在学习的知识内容是什么、学习了多少知识和知识达到什么程度以及知识的增量和质量等。当要进行学习过程的矫正时，网络评价此时提供的是教学和学习过程的信息。因此，网络评价是教师帮助学生系统化反馈学习信息的一个良好方式。

3. 激励作用

网络评价的对象之一便是学习者，而我们面对的是一个个活生生的学习个体。不同的学习者有着不同的个性特点，对其进行评价时，要做到面向全体，尊重个体差异，激发学习兴趣，使每个学生健康发展，让他们在赞赏和激励中学会自信，在理解与宽容中学会忍让，在尊重与信任中张扬个性，在启发和引导下学会创新。网络教学评价作为课程评价的一种形式，体现着教育者和受教育者之间的人文关系，具有反馈、矫正、激励、驱动等功能，既激发学习兴趣，又产生人格效应。

（六）开展网络教学评价的问题与误区

1. 网络课堂教学评价的问题

（1）评价范围难以确定。

（2）评价指标体系的科学化与操作性难以把握。

（3）评价结果的处理与分析不容易进行。

2. 网络课堂教学评价的误区

（1）荧屏功能不应取代课本功能。

（2）网络情境不应取代多元化的情境创设。

（3）网上交流不应取代口语交际能力的培养。

（4）上网操作不应取代学科、教材原有的基本训练。

（5）网络虚拟实验不能取代实际动手操作。

（6）教师对信息环境的调控不应取代课堂教学的整体调控（特别是师生的情感交流）。

作为一种与传统教育有着巨大不同的教育方式，网络教学受到广大教育工作者的关注和研究。但目前，关于如何正确、有效地评价这种新型教育方式的教学质量和效果的问题，仍然是网络教学的一个难点。当前，如何建立一个行之有效的评价模型成为网络教育工作者的一项重要课题。我们应把先进的评价理念和现有的评价技术有效地结合在一起，采取适当的网络评价策略，优化网络教学，才能提高网络教学的质量，促进它的发展。

（七）网络教学评价的应用系统

1. 网络实时评价系统

网络实时评价系统是一个基于 Internet 的网上虚拟评价环境的模型。学习者可以不受时间、空间的限制，通过公共通信手段，进行文字、图像、视频和音频的异地实时交流。这种评价系统体现了网络教学快捷、灵活的特性，可以为学习提供及时的反馈，有效地监控、管理学习过程，提高学习效率，增强学习的控制度。例如，有些高中已经建立了自己的网上生物考试系统。

2. 网络考试系统

网络考试系统是一个基于数据库和 Internet 的远程在线实时测试系统，包括学生考试系统，自动批阅系统和题库管理系统等。该系统可以在任何地点、任何时间进行实时考试，试卷的难易程度可控，支持自动改卷功能，而且数据的统计分析方便快捷。该系统中的所有考试信息都以数据库记录的形式存储。用户可以用登录的方式从数据库中随机抽取试卷，进行阶段测试和综合测试。信息量大、效率高、管理方便也是网络考试系统的优点，教学者能很容易地从评价结果中获得更深层的信息。

3. 网络答疑系统

目前网络答疑系统主要有在线讨论和互动交流两种形式。在网络答疑系统的数据库中存储了大量的疑问和解答信息，教师可以对这些信息加以汇总和分析，从中发现教学的问题，并及时调整教学方法和策略，提升教学效果。网络答疑系统还提供了搜索引擎的数据库系统，学习者可以通过关键字匹配、问题勾连、全文检索等技术快速得到问题的答案。

4. 网络多媒体考试系统

网络多媒体考试系统是基于5G、Web6.0、多媒体技术和虚拟现实技术的评价模式。在该模式下，服务器和客户端可实现对多种对象的评价。在传统文本型考试的基础上，增加了音频、视频、图形等多媒体数据，并可运用虚拟现实技术组建虚拟考试环境，使各种各样的测评方式得以实施。例如，口语测试、技能实验、情感交流等。网络多媒体考试系统以宽带技术、流媒体技术、AG技术为技术支撑。

上面所提到的几个测评系统既可单独使用，也可联合起来进行教学评价。例如，可利用实时系统开展形成性评价和个别评价，也可通过答疑系统进行小组评价和诊断性评价，还可以将网络考试系统和答疑系统结合起来对学习整体评价。特别是目前引起教育界广泛重视的网络多媒体考试系统，不仅克服了传统教学模式单一的问题，还使网络教学评价多元化成为可能。

（八）网络教学评价的实施策略

1. 制订评价方案

网络教学评价应该先确定评价目标，选择评价对象，制订评价标准。这是整个评价至关重要的一步。由此，评价人员才能确定获取数据的途径、范围，取样、采集的时间等，同时准备必要的评价工具，拟订好评价的计划，安排好评价的进程。

2. 建构评价指标体系

评价指标体系是反映评价目标的各个要素之间关系及其重要程度的量化系统，包括指标项的形成、评价标准的确立、权重系数的确定。

指标项的形成就是将目标要素分解。指标的设计原则是：与目标的一致性、直接可测性、系统内指标的相互独立性、指标系统的整体完整性、指标的可比性、指标的可接受性、指标的简约性。

评价标准是等级划分的依据，包括可数式等级标准、描述式等级标准、期望评语量表式标准。

权重反映某因素重要程度的参数，其类型有自重加权（把权重作为等级分值）、加重加权（在等级分值乘权重系数为得分分值）。权重系数的获得方式有多因素统计法、访问专家等。

3. 收集评价信息

收集评价信息主要有完成问卷，调查量表的生成、发布、提交和数据集成。教学评价实际上是依据评价的目的，对评价信息的搜集、处理、分析并作出解释的过程，所以信息的搜集在教学评价中占有重要地位，它是进行科学评价的奠基工程。没有评价信息，或者评价信息的缺乏、不真实，就难以进行评价，更难以取得合理的评价结论。

4. 进行数据处理、量表分析

数据处理、量表分析主要针对前面收集的信息进行整理、分析，揭示出蕴含在数据和量表中的问题，完成数据的统计工作，使评价人员最终理顺数据间的分布状态、数据的特征和变化规律、数据间的关系，并进行加权处理。

5. 得出评价结论以及报告

得出评价结论以及报告主要完成的任务有：对评价对象形成综合判断。从总体上对于评价对象作定性、定量的综合意见。评价对象达到何种程度，是否符合某项标准等。

6. 建立评价档案以及信息数据查询

记录评价活动主要完成的信息、步骤、内容，建立评价活动的档案。同时为每一个参加评价的对象、工作人员建立数据库，记录他们参与评价活动的种种状态、信息和数据，以便加强对评价活动的监督，保证评价的公正、透明。

7. 反馈阶段

根据评价结论进行教学目标与任务的调整，教学过程的修改，教学资源的完善甚至评价指标体系的改变等，使评价真正发挥其诊断和导向功能。

二、基于网络环境的高中生物学习评价

现代信息技术与学科课程的整合研究是国家重点研究的方向，其中网络环境下的教与学是研究的热点问题。但是在研究过程中发现，网络环境下的学与教过程中存在着师生观念的转变、教学方式和学习方式的转变，以及如何调控在网络环境中学与教的过程等问题。这些问题都阻碍了"整合"研究的进一步深入和发展。从改变传统的评价观念和手段作为切入口，研究有效的评价手段来调控网络环境下的学习，对促进"整合"教学，转变

高中生学习方式，提高学生信息能力和探究能力有重要作用，实现教学方式和学习方式的转变，从而对提高高中生物课堂效率，提高教学质量具有很强的现实意义。

网络学习是指学习者运用网络环境和网络信息资源，在相应信息及教师的引导下，主要采用自主学习或协作学习形式所进行的学习活动。这种学习方式将改变传统教学中教师的作用和师生之间的关系，从而根本改变教学结构和教育本质。网络学习评价则是依据网络学习的目标，对学生的整个学习过程、学习效果做出价值判断的过程，其目的不仅仅是限于鉴别，也包括发展。网络学习的个别化、协作化、非结构化以及通过媒介而学习的特点决定了网络学习评价必须采用区别于传统学习评价的新方法和新技术。

（一）网络学习评价的指标

第一，一级指标的设计。根据多元智力理论和高中生物课程标准中要评价学生知识、能力和情感态度价值观的要求设计评价指标体系的一级指标，它们是：逻辑—数理智力（探究能力；信息能力）、身体—动觉智力（实践能力）、交往—交流智力（讨论和协作能力）、自省智力、情感与态度。

第二，二级指标的设计。参照美国国家教育技术标准要求，高中生物课程标准的要求和多元智力的具体描述分解一级指标，确定一级指标。

第三，将各指标分解为可外显的行为标准。

第四，根据布鲁姆的"分类学"法、Webquest 的学习目标和学生进行自主学习的独立性程度把评价等级分为以下三个层次：

启蒙：等级分为 1 分。能够解决简单的问题，能力处于较低的水平，基本能够完成探究活动，但是在探究过程中经常需要教师和同伴的帮助，学习没有计划性，不能够自我调节。

入门：等级分为 2 分。能够解决较为复杂的问题，已经掌握了该能力，能够完成探究活动，但有时需要教师和同伴的帮助，学习有目的性和计划性，学习有自觉性，基本能够做到自我调节，形成自己的学习策略。

精通：等级分为 3 分。能够独立想出独到的新见解或能巧妙地解决陌生的较难的问题，具有创造能力，学习有很强的目的性和计划性，自我调节能力很强，能够根据需要随时调整自己的学习策略。

第五，评价指标体系的改进与修改。在每次实施表现性评定后，利用教师的反思和学生的反思过程，不断总结、修改。对教师进行问卷调查，修改不科学、不合理的地方。

（二）网络学习评价与传统学习评价的比较

第一，用多元评价标准取代单一评价标准，综合评价学生学习传统的学习评价活动中，几乎只限于教师对于学生的评价，评价的主体（教师）和客体（学生）显得单一与不足。课堂上教师对学生的评价大都是通过提问来进行，评价方式单一。以往对学生学习的评价主要集中在书面知识的掌握、技能的熟练程度，忽视对学生的情感体验、探究能力、协作精神等方面的评价，评价内容浅显，层次较低。教师通过提问所进行的对陈述性知识的评价对于促进学生发展是表面化的、肤浅的，评价作用甚微。单一评价令天赋不一、志趣各异的学生高度统一发展方向和学习行为，造成培养出来的学生千人一面，没有个性。在网络教学过程中，根据学生的个性、气质等情况，因人而异，因时而异，因境而异，作出针对性的、艺术性的评价，激发学生潜能，促进学生个性的发展。

第二，将自我评价、小组评价、班级评价和教师评价有机结合，体现评价主体的多元性。评价的本质是一种价值判断，长期以来，在以教师讲授为主的教学模式中，对学生学习的评价主要是由教师做出的，往往单凭考试成绩衡量学生的学习水平。在这种自上而下的单向评价中，学生只是被评价者，只能被动、消极地接受教师的评判，没有评价的权利。这样，不能全面、综合地反映学生的发展程度，不利于学生自我评价能力的发展，也不利于学生主体的培养和发展。

网络学习评价模式中，把自我评价、学生互评、教师评价、家长评价等有机结合起来，进行双向或多向评价，从多个方面、多个角度对学生的学习活动进行更全面、更客观、更科学的评价，学生由评价对象成为评价主体，创造了积极的学习气氛，给学生成功的情感体验，增强了学生主动参与课堂学习活动的信心，不仅对学生的学习表现及时反馈，同时培养了学生的评价能力。

第三，注重学习的教育性评价和发展性评价，开展动态评价。对学生学习的评价以往只注重单纯的终结性评价，在期末对学生的学习结果进行评价，忽视了对学习过程的评价，使一部分学生为了应付考试拿高分而忽略了学习的真正意义。这种评价是面向"过去"的评价，没有着眼于人的一生的发展。在网络教学过程中，随时对学生的学习情况进行评价，并通过发现学生学习中存在的问题，提出改进的意见或措施，使学生能不断地改进、完善自己的学习活动，学会做学习活动的主人。着眼于学生未来的成长和发展，要求学生随时对自身的学习情况进行反思，这种反思和评价贯穿于学习过程的始终。这实际上也是一种自我评价能力的培养。不少学生将自己的反思日记收入个人电子档案中。这种学生对自己的动态评价，使学生养成自我反思和自我教育的习惯，有助于学生良好的价值观和人生观的养成。

第四，建立学生电子档案袋，激发学生学习的主动性与创造性。让每个学生在本门课程学习期间将学习计划、学年论文、学习体会、读书笔记、调查报告、Flash 动画、资料库、学习成绩等个人信息制作成个人电子档案袋，作为学生成长和进步的记录，以此作为全面评定学生学习质量的依据。学生有目的地、系统地不断完善和更新电子档案袋，成为自己成果和进步的积极评定者，积极地思考、评价他们自身的学习历史。这是一个强有力的学习机会，使学生充满自豪感和成就感，也有利于学生创造性学习能力的培养。发挥电子档案激励和导向作用。

（三）网络学习评价的功能

网络学习评价是基于网络学习基础进行的。网络学习资源与使用的教材相比，具有信息量大、多媒体化和开放性、时效性强等特点。网络学习方式与传统学习方式相比，更有利于学生自主学习和合作学习，在学习评价方面具有传统学习评价不可比拟的优势。学习评价不仅仅是一个技术问题，更是一个价值观念问题。实际上，每一种评价都体现出特定的教育价值观，教育价值观支配着评价的具体模式和操作取向。当前，网络技术发展带给教育的不仅是在技术层面上教育手段的革新，而是引起更深层次的教育价值观的变革，已从以往过于重视基础知识和基本技能的学习，到更加重视学生情感、态度和价值观的养成以及学习能力的培养，重视信息的获取、分析、判断、处理、综合应用能力的培养，呈现出高中生物教育价值的多元状态。网络学习评价具有以下多元功能：

第一，网络评价的自主性让学生成为评价的主体，促使学生学习方式的改变。学生在评价中具有主体性，而不只是被动的、供他人评价的对象，这样，有利于不同潜质的学生都获得不同程度的发展，达到促进全体学生形成基本素养的目的。

第二，网络评价的交互性有利于激发学生的学习兴趣，充分体现学生的学习主体。评价者与被评价者、教师与学生在评价过程中是一种"交互主体"的关系。着重评价学生的学习过程，能够评价学生的高级思维，评价指标体系有很强的导向功能和反馈调控功能。因此，使高中生在生物网络探究学习中有明确的学习目标，促使学生改变学习方式，形成探究学习、自主学习和合作学习的新型学习方式。

第三，网络评价的开放性使学生养成一种民主参与、协商和交往的习惯，有利于学生认识人的情感、态度、价值观的差异，在广泛的文化情境中学习生物。

第四，网络评价的价值观念多元性与丰富的网络资源有利于学生个性与独特性的发展，从而实现培养创新精神和信息素养的研究性学习能力和生物科学素养。

（5）多媒体系统的超文本特性可实现对教学信息最有效的组织与管理，建立起科学的电子档案管理系统，提高学生学习的主动性。

网络评价还具有及时反馈、过程指导、课外评价等功能，这些功能是一般的文本教学难以比拟的。

（四）网络学习评价的实施

1. 网络课堂教学的学习评价

学习者是学习的主体，网络教学的主要目的是向学习者提供学习的途径、资源和方法，使学生获得知识与技能，培养学生的认知和元认知策略，最终获得发展，因此，对学习者的评价是网络教学评价的主体内容。网络教学注重对学习者的态度、意义建构过程的评价，一方面真正了解学生的学习过程；另一方面作出评价和反馈，提出提示和建议信息。具体而言，网络课堂教学的学习评价包括以下方面：

（1）交互程度。交互对于学习动机的激发与保持、远程学习的成功是极为重要的。事实上，电子邮件（E-mail）、网络社区（BBS）、聊天室、视频会议等网络技术的不断发展与成熟已使网络环境下的交互相当便捷，在教学设计时应考虑利用这些工具来促进学习者与学习者、学习者与教师、学习者与学习材料之间的交互。对学习者交互程度的评价可以通过记录学习者利用网络教学支撑平台中的各种交流工具辅助学习进行，如根据讨论区发表的文章（发言）及数据总量等信息提供给系统学习者意义建构过程的信息、提供主动参与教学活动的参数和学习态度的参数，根据聊天室的发言次数及发言数据量提供学习者对所学知识认知程度的信息、提供与人合作学习的积极主动性的参数。

（2）答疑情况。在网络学习过程中，学习者需要向教师或相关专家请教问题。通过答疑，学习者可以更加深入地理解学习的主题，可促进知识意义的建构。答疑情况可以通过学习者请教的问题数、浏览问题解决的次数以及提供解决方案的次数等信息反映学习者对所学知识理解程度以及主动学习的参数。

（3）资源利用情况。学习者对资源的利用不仅指利用教师或互联网提供的资源，对体现学习者的学习过程和意义建构过程而言，更有价值的是学生在学习过程中所上传的数据，这里的资源包括课程本身（通常是教师提供）的资源和互联网资源。课程本身资源包括对网络教学平台及其中的资源（如问题资源、电子图书馆）的使用情况，如记录学习者登录系统的时间及注销登录的时间来确定学习者的在线学习时间，通过课程内容页面浏览范围和次数来提供学习者学习范围、进度的参数和信息，利用问题资源的浏览情况及电子图书馆资料的浏览来了解学习者学习的深度与广度，利用学习者向问题中心提交的问题和解决方案、在讨论区或聊天室的发表情况以及在电子图书馆中发表的资料甚至是对网络课程的修改来评估学习者学习的态度、对学习主题的理解、问题的解决、学习策略的调整以及意义建构等；互联网资源包括利用浏览器或搜索引擎来浏览互联网资源的情况等。

（4）作业。根据作业完成情况与得分，了解学习者平时知识点掌握程度、作业完成情况，评价系统据此生成反映学生知识点掌握程度的曲线和作业完成情况的提示信息。

（5）考试。考试是对学习者的网络学习情况的阶段性评定。通过试题库，学生可随时进行自测，提交试卷后可得到评价结果；教师可根据统一的学习进度生成试卷，进行阶段性或总结性测评。所有这些测试结果都将进入为每一个学生准备的成绩记录数据库中，以跟踪学习的发展变化过程。

对学习者的评价可以人评与机评相结合。不同的学习方式可以采用不同的评价手段，如协作学习效果的评价，可以通过教师评价、同伴评价和自评实现；而对于自主学习，采用自评手段更为有效。但是在网络环境下，由学生进行的多是自我建构的学习。因此，让学习者对自己的意义建构情况作出评价比较好。

2. 基于网络环境的研究性学习评价

在研究性学习中，学生进行了一系列的活动，最终达到活动的目标。在每一个活动中，都有各自的目的。要了解学生进行研究性学习所需要的准备知识及通过活动能否达到预期目标，就必须有一个较完善的评价体系。

（1）诊断性评价。诊断性评价又称为准备性评价，是在研究性学习之前进行的评价，是对实践活动的准备。

（2）过程性评价。在过程评价中，我们可以通过学生的活动过程记录卡及活动日记来了解学生在研究性学习活动过程中是否有明确的目的及活动表现，在活动过程中采用了哪些方法。通过过程评价能及时获得反馈信息，适时调节控制，以缩小工作过程与目标之间的差异。通过评价研究工作过程，总结经验教训，及时改进工作。

（3）终结性评价。终结性评价又称结果评价。该评价是在学生研究性学习结束时，对最终成果作出价值判断，也就是以预先设定的教育目标为基准，对评价对象达成目标的程度，即最终取得的成就或成绩进行评价。

网络环境下的研究性学习评价是一个综合过程。评价者不再仅仅是教师，家长、社会人员也参与进来了，他们的反馈也是学生能力评价的重要依据。评价的对象也发生了变化，不仅仅是单个的学生，而是一个课题小组，把他们作为一个整体，这也要求学生具有合作学习的精神。评价的方式也发生了变化，原来是终结性评价为主，现在应以形成性评价为主，结合终结性评价，着重在于学生的能力发展。

第四节 高中生物教学深度学习中的智能化评价研究

基于智能终端和无线网络的智慧教学，作为一种先进的教学模式在全国各地推广。充分利用智能设备、无线网络及智慧教学软件搭建智能化的教学环境，优化传统教学模式，才是智慧课堂的内核。

一、收集数据，为教学评价提供合理依据

在智慧教学环境中，学生的学习过程能够被智能终端完整地记录下来。很多学校给学生配备了平板电脑进行数字化学习。课前，教师会将微课、相关资料及配套练习题发送给学生，引导学生进行自主学习。学生学习完微课内容后，会自主完成相关练习，检测学习成果，并在互动讨论区参与讨论。课上，学生利用平板电脑回答教师提出的问题，并拍照上传课堂活动成果，如将自己制作的 DNA 双螺旋结构模型、设计的实验方案、得到的实验结果等拍照上传。课后，学生利用平板电脑完成教师布置的作业。学生考试的试卷也会经过扫描上传到数据库中并记录下来。在整个学习过程中，利用平板电脑可以记录和生成学生在学习过程中产生的所有学习行为数据，这就为教学评价提供了原始的数据支撑。

二、分析数据，使教学评价涉及全体学生

教师通常在完成一个知识点的教学后，利用提问来检验学生对这部分知识的掌握情况。但是由于课堂时间有限，只能随机抽取部分学生回答问题，而这样的随机调查难免会以偏概全，甚至使教师做出错误的判断，继而对教学有效性产生不利影响。然而，在智慧教学环境下，每名学生都可以利用手中的平板电脑将自己的答题情况上传至教师端，教师不仅可以立刻看到正确率，还可以看到每个选项的选择比例及具体学生名单，这样就可以及时了解全体学生对知识点的掌握情况，进而调整教学策略，使教学活动更加灵活、精准，满足绝大部分学生的学习需求。

三、分析学习信息，使教学评价连续完整

在传统教学中，通过课堂观察、作业和测验所获得的学生的学习信息是非线性的，且不同来源的信息难以有效整合，不同数据中隐含的信息连接被割裂。在这种不连续数据之上获得的分析结果只能解释某些特定的问题，缺乏完整性。然而，智慧教学软件能够全程自动记录学生的所有学习信息，包括微课观看次数及时间，课堂提问回答情况，讨论区发帖、跟帖情况，作业和测试情况等。智慧教学软件通过时间序列分析、聚类分析等手段，对学生的学习数据进行深度挖掘，构建学生的学科知识地图，并能够输出每名学生章节学习情况的分析诊断报告。教师可以根据诊断报告向每名学生发送个性化、量身定制的学习资料包，以提高学生的学习效果。

四、运用智能设备，评价过程与结果并重

在智慧课堂的教学环境下，学生在学习过程中可以充分利用平板电脑的拍照、录音、录像、即时通信等功能，及时向教师或同学分享学习成果、提出学习难点，可以便捷地参与学习群的讨论。"教师也可以随时监控到每个学习群甚至每名学生的学习情况，对学生的学习过程进行评价并如实记录"[①]。

例如，学生可以在互动讨论区就某一问题进行讨论，发表自己的观点，并相互合作寻找解决问题的方法。教师通过浏览讨论区的帖子，不仅可以了解学生对知识点和基本技能的掌握情况，还能侧面了解学生的学习能力、学习态度、学习兴趣、情感、态度与价值观等信息，这就使教学评价做到过程与结果兼顾，评价的结果也更加准确、完整。

综上所述，智慧课堂中智能设备、无线网络及教学软件的使用，给教学评价的方式、方法、过程等方面带来了突破性的改变。教师科学利用智慧课堂中产生的各类数据及分析结果，使教学评价从主观、片面走向了科学、完整。随着大数据技术在教育教学领域中的不断深入应用，数据在教学评价环节中必将起到越来越重要的作用。因此，读懂数据及数据背后蕴含的信息，并能够根据信息形成行之有效的评价策略，是大数据时代下教师必不可少的一项能力。

---

① 施炜：《浅析智慧课堂中的生物课教学评价优势》[J]，《基础教育论坛》，2022 年第 13 期，第 66 页。

参考文献

[1] 曹冬林．驱动深度学习发生的高中生物学教学探索［J］．生物学教学，2019，44（1）：8—9．

[2] 曹建．巧用交互式电子白板 构建生物高效课堂［J］．理科考试研究，2015，22（9）：90．

[3] 崔鸿，解凯彬．发展生物学学科核心素养的教学设计：从理论到实践［M］．北京：人民教育出版社，2019．

[4] 顾丽洁．基于深度学习理念的高中生物教学策略［J］．高考，2021（33）：71．

[5] 郭岩丽．高中生物高效课堂教学模式研究［M］．成都：电子科技大学出版社，2017．

[6] 韩金，崔鸿．指向学科核心素养的深度学习［J］．中学生物教学，2022（14）：22—25．

[7] 韩益钧．例析独立思维的高中生物学合作学习策略［J］．生物学教学，2019，44（1）：31—32．

[8] 何莉燕，朱俊．例谈基于深度学习的高效课堂的构建［J］．生物学教学，2019，44（9）：9—11．

[9] 姜晓容，于丛云，邓丽梅．高中生物学实验题解题策略探究［J］．中学生物教学，2022（12）：76—77．

[10] 蓝玉凤．基于高效课堂构建的高中生物课堂设计思路分析［J］．中学课程辅导（教师通讯），2020（23）：78．

[11] 李涛，黄彩霞，赵浩斌．高中生物教学中的虚拟实验［J］．教学与管理（中学版），2017（3）：53—54．

[12] 刘斌．概念图在高中生物学教学中的应用［J］．中学生物教学，2022（12）：22—24．

[13] 刘铭君．高中生物课堂设计思路与高效课堂构建［J］．知识文库，2018（16）：126．

［14］刘杨，李守德，任媛媛．高中生物学合作学习技术的探析［J］．生物学教学，2022，47（9）：22—24.

［15］刘玉，龙主多杰．深度学习视域下高中生物学模型建构教学路径探析［J］．中学生物教学，2022（8）：37—39.

［16］卢建筠．高中生物教学评价［M］．长春：东北师范大学出版社，2006.

［17］陆剑庞．高中生物专题复习策略探微［J］．中学教学参考，2015（32）：119.

［18］孟莉华．概念图促进高中生物深度学习的实践研究［D］．开封：河南大学，2018.32.

［19］潘俐．在高中生物学教学中加强学科渗透［J］．生物学教学，2015（8）：71—72.

［20］祁永青．摭谈"微专题"在高中生物复习课中的实践应用［J］．中学生理科应试，2020（8）：51.

［21］秦秀芳．核心素养理念下高中生物深度学习教学策略研究［J］．智力，2021（4）：152.

［22］瞿斌．例谈基于深度学习的高中生物学教学模式［J］．中学生物教学，2022（23）：43—45.

［23］任健．高中生物高效课堂教学模式的建构［J］．知识文库，2021（11）：146.

［24］桑虎．指向高中生物学生活化教学途径研究［J］．中学生物教学，2022（15）：32—34.

［25］施炜．浅析智慧课堂中的生物课教学评价优势［J］．基础教育论坛，2022（13）：66.

［26］石高荣．基于深度学习的高中生物学实验教学设计［J］．中学生物学，2019，35（12）：36.

［27］孙丽霞．高中生物深度学习模式构建与实践路径［M］．长春：吉林人民出版社，2021.

［28］孙双祥．例谈基于多重表征的高中生物学深度学习［J］．生物学教学，2020，45（8）：19—21.

［29］王清平．基于深度学习的高中生物学高效课堂策略研究［J］．中学生物教学，2022（24）：8—10.

［30］王全胜．交互式电子白板环境下构建生物高效课堂的实践研究［D］．长沙：湖南师范大学，2015.8.

［31］王志强．以生活化教学模式为支撑打造高中生物高效课堂［J］．新课程（下），2019（5）：166.

[32] 魏伟．指向深度学习的生物科学史教学［J］．生物学教学，2017，42（9）：12—14.

[33] 吴久宏．基于真实情境的高中生物学深度学习［J］．中学生物教学，2019（1）：19—22.

[34] 肖麟．高中生物教学有效性探讨［M］．长春：吉林人民出版社，2019.

[35] 许东升．高中生物学教学中引导学生走向深度学习的教学设计与思考［J］．中学生物教学，2018（4）：8—10.

[36] 姚丽丽．PBL教学模式在高中生物学教学中的应用［J］．中学生物教学，2022（6）：29—31.

[37] 应学超．大情境统领下的高中生物学课堂新架构［J］．生物学教学，2022，47（11）：16—19.

[38] 余雅华．用自然分材教学促进深度学习的高中生物学课堂构建研究［D］．长沙：湖南师范大学，2019.6.

[39] 张登华．促进学生深度学习的学案问题设计策略［J］．生物学教学，2017，42（7）：20—22.

[40] 张华鹏，王娟娟．高中生物学综合实践活动的优化路径［J］．中学生物教学，2022（24）：13—14.

[41] 张建．例谈构建深度学习的高中生物学课堂［J］．生物学教学，2018，43（7）：13—14.

[42] 张琳，于冬青，瞿玉堂．基于深度学习的高中生物学主题教学案例研究与思考［J］．中学生物教学，2022（24）：39—41.

[43] 张术雪．基于深度学习的高中生物学概念教学策略［J］．中学生物教学，2020（12）：14-16.

[44] 张伟．指向学生"深度学习"的高中生物学"研学课堂"的构建［J］．生物学教学，2018，43（12）：18-20.

[45] 张翔升．高中生生物学概念学习进阶路径及能力养成［J］．中学生物教学，2022（23）：40-43.

[46] 赵友栋．深度学习理念下高中生物学教材插图的应用策略［J］．中学生物教学，2022（18）：31-33.

[47] 周裕志．落实六环节，打造高中生物高效课堂［J］．学苑教育，2015（16）：17.